著者简介

约翰·海伍德

英国历史学家、作家，先后毕业于兰开斯特大学、剑桥大学和哥本哈根大学，任教于兰开斯特大学，担任英国皇家历史学会研究员。他有多本关于欧洲早期历史的著作，被认为是维京人和凯尔特人研究的权威。

译者简介

田卓明

毕业于北京外国语大学，现从事国际交流工作。曾旅居海外数年，对语言和文化差异有浓厚兴趣，热爱历史、摄影、探险、科幻小说和宇宙演变等。译有《维京人》。

后浪出版公司

维京战士

[英] 约翰·海伍德
John Haywood 著

田卓明 译

广东旅游出版社
GUANGDONG TRAVEL & TOURISM PRESS

中国·广州

去格陵兰

北

大西洋

冰岛

法罗群岛

设得兰群岛

赫布里底群岛

奥克尼群岛

艾奥纳岛

苏格兰

北海

挪威

瑞典

比尔卡

日德兰半岛

哥特

爱尔兰

阿尔马

林迪斯法恩

丹麦

波罗的

都柏林

约克

威尔士

英格兰

马尔顿

海泽比

文德兰

波特兰

多雷斯塔德

鲁昂

佛兰德斯

塞纳河

沙特尔

巴黎

莱茵河

卢瓦尔

法兰克王国

摩尔人

科尔多瓦

罗马

直布罗陀海峡

摩尔人

| 0 | 500 | 1000 千米 |
| 0 | | 500 英里 |

* 本书地图系原书插附地图。

白海

芬马克

阿尔代久堡

涅瓦河

诺夫哥罗德

加尔德里基

基辅

弟聂伯河

罗夫人

保加尔人

伏尔加河

保加尔城

佩切涅格人

哈扎尔人

里海

黑海

君士坦丁堡

博斯普鲁斯海峡

拜占庭帝国

阿拔斯王朝

巴格达

海

目　录

1

为什么要成为维京人？/ 1

2

加入维京人 / 17

3

维京新手指南：成为伟大的战斗领袖 / 47

4

武器和战术 / 65

5

向大海出发 / 89

6

备船，起航 / 109

7

战役中的生活 / 149

8

战　斗 / 167

9

战利品 / 199

10

剑之沉睡 / 213

致　谢 / 227

延伸阅读 / 229

出版后记 / 233

— 1 —

为什么要成为维京人？

> 须谨记，许多人生命短暂，其事迹却亘古长青。
>
> ——《国王之镜》

× | × | × | × | × | × | × | × | ×

这是 991 年的圣诞节期间。两周前下了冬天的第一场雪，此时正是一年里黑夜最长、最暗的时候。但是大厅里充满了温暖和光亮，伙伴们齐聚一堂，人人都有烤肉、细面做的小麦面包，以及麦芽啤酒。许多人已经喝得酩酊大醉。雅尔和他手下的维京战士高声夸耀他们当年夏天劫掠英格兰时获得的战利品，说他们和强大的奥拉夫·特里格瓦松并肩作战，在马尔顿之战中杀死了骄傲的贝莱特诺特郡长，把英格兰人打得落荒而逃。他们还说，懦弱胆小的英王埃塞尔雷德付给他们成千上万的白银，求他们撤退。他们说明年夏天要再回去一趟呢！

看看这些维京战士华丽的衣服、沉甸甸的胸针、火炬照耀下闪闪发光的臂环、雅尔们的礼物吧——所有这一切都是从英格兰人那里得到的。战士们收获了财富、地位和声望。小孩子脸上露

雅尔宴请手下的战士，下人在忙碌。获得成功的维京战士将过上有特权的生活。

出崇拜的表情，而所有没参与出征的爸爸们都感觉自己没有男人的样子，不敢直视这些战士。女孩们可不一样，她们都在吸引维京人的注意。这一次，甚至奴隶身份的女孩都在大方地表现自己。

想想看：你在雅尔的席上落座，端着蜜酒，手上和胳膊上都戴着雅尔赏的戒指和臂环，这些首饰都沉沉的；人们不是敬畏你，就是羡慕你；吟游诗人将在你故去后继续歌颂你的事迹，让后人永不忘记。这种感觉该有多棒啊！

如果你想继续了解，那就往下读吧！如果你想成为成功的维京人，本书将告诉你所有实用的建议。可不是谁都适合走这条道。如果你同意父亲说的"好死不如赖活着"，想老实在家里种田，那你就不适合。在维京人的时代，战争是获取财富和盛名的不二选

维京人的生活

如果你想了解伟大的维京战士的生平和辉煌事迹，最好的方式就是听人讲述他们的传说。传说往往讲的是很久以前发生的事，所以不要完全相信你听到的故事，不过这些故事是提高干劲的不错选择：

> 斯韦恩习惯过着这样的生活：冬天，他会待在盖尔塞岛的家里，自己掏钱跟八十来个男人一起快活。他喝酒用的大厅十分庞大，在奥克尼没能有比得上它的。但到春天，有很多事等着他。他要仔细地播种大量种子。种完以后，他就会开始他的"春季巡游"，去苏德雷伊群岛[即赫布里底群岛]和爱尔兰抢劫，然后在仲夏结束后回家。然后，他待到庄稼成熟，收割庄稼，把粮食放进仓库。之后，他会再次外出劫掠，到冬季的第一个月结束之后才会返回家里。他把这称为"秋季巡游"。
>
> ——《奥克尼萨迦》

择，但是成功的维京人可不会平白无故就得到英雄般的待遇。光荣往往以短暂的生命为代价，有一个维京人扛着金银战利品回家，就有一个维京人战死沙场或葬身鱼腹。不过，这就是人生，这就是勇敢战士的报偿和代价啊！在冬日的炉火呼唤自己回家之前，战士还要到很远的地方去抢掠啊！同样要记住，诺伦女神掌握了你的命数，这在你出生时就注定了，无论你如何躲避战斗，也不会活得更久一些。不要坐等命运找上门来："你终归会死去，但你获得的荣光却永不消失。"（《高人的箴言》）

什么是维京人？

难道你在之前的 200 年里一直在打瞌睡？维京人是海盗，是侵袭者和掠夺者。没有人能确定"维京"这个词源自哪里，但它的意思可能是"峡湾里的人"。这可能是因为维京人经常躲在峡湾里伏击粗心的商船。外国人觉得所有生活在斯堪的纳维亚的人都是维京人。这简直无法理喻，根本不是他们以为的那样。这只是因为他们大部分人只见过维京人这一种斯堪的纳维亚人。只有从事劫掠的人才有权自称维京人。大多数人只是平静地种田或做买卖，不想卷入暴力之中，但是这在战乱年代又谈何容易。

· **小提示**：你居住的斯堪的纳维亚包括丹麦、挪威和瑞典这三个北欧的地方。

为什么要当维京人？

"贫穷迫使他们去世界各地抢劫，他们以海盗般的抢劫方式，从各地的富人那里抢走大量财富带回家。他们只有这样才能在自己国家那贫瘠的土地上生存。"这是基督教牧师的解释，要是你听信了这些外国人的说法，你就会认为我们出去劫掠只是因为穷。如果我们的土地真的那么贫瘠，那我们怎么会长得这样高大强壮呢？啊？其实，人生来就想得到更多财富、更多土地。不过，做维京人的理由还有不少，至于哪一条跟你关系最大，取决于你在社会中的位置。

国王（king） 好吧，你可能不是国王。但每个维京人都应该知道自己为谁而战，知道战斗的原因。国王的社会等级最高，他们的血统和源自神祇的出身让他们与众不同。在过去的 200 年里，国王的权力一直在稳步加强，却还是不太牢靠。虽然爸爸是国王的人最有可能当国王，但是按道理讲，所有具有王室血统的人都能当国王。这也解释了为什么继位之争和内战这么普遍。只有能打仗的国王才可以保住自己的王位。为了吸引、留住麾下的战士，国王也需要财富。这些战士就是希罗（hirð），他们是国王的卫士，是王家军队的核心。

国王无权征收一般的税。只靠国王领地的收入和从贸易中收的通行费，永远无法满足战士们的胃口——或许你注意到了，战士们对珠宝和优良武器的需求是填不满的。对国王来说，出海抢劫战利品和勒

如果你当上国王，可能也跟图中的这位国王一样不开心。他可能正在想怎样让自己麾下的战士保持忠心。率领维京人劫掠英格兰可能是个好办法。

索贡金的确都是创收的好办法。同时，带领手下打胜仗的国王还能提升自己作为战争领袖的声誉。成功又能带来后面的成功：打了胜仗，你就能吸引来更多战士，给你带来更多的胜利和更大的权力（而且臣民更不敢反叛了！）。然而，持续不断的战争肯定对生命健康有害，很少有国王能躺在床上安详地离世。常言说得好，国王"要追求荣誉，而不是长寿"。

海上之王（sea king） 斯堪的纳维亚的国王首先统治的是人，而不是领土。所以，就算一个有王室血统的人没有王国，也可以被承认为国王。他们只需要一批追随自己的战士即可。因为有王室血统的魅力，这对他们来说并不困难。对没有领地的海上之王来说，率领维京人去抢劫是一个不错的选择。如果他们够有钱，够出名，他们还有可能凭借武力在家乡夺取一个王国，或者像865年指挥丹麦人大军入侵英格兰的那批海上之王一样，征服一个自己家乡之外的王国。

> 奥拉夫·哈拉尔德松首次获得船只和战士时，战士就称他为王。因为按照习惯，只要王室的后裔率军进行维京人的巡游，则马上获得王的头衔，不论他是否拥有领地或王国。
>
> ——斯诺里·斯图鲁松，《圣奥拉夫萨迦》

雅尔（jarl） 如果你非常幸运，你的父亲可能是一位雅尔。雅尔权力很大，是地方上的大人物，是等级最高的贵族，在当地仅次于国王。实力最强大的雅尔，比如赫拉迪尔的哈康、奥克尼的西格尔德，都能在权力、财富和麾下的战士上与国王相匹敌。当然了，雅尔缺乏王室血统才能带来的特殊权威。雅尔本来可以随心所欲地做很多事情，但是既然国王变得越来越强大，雅尔也就越来越难以随心所欲了。不过，对于想维持自身地位的雅尔来说，带领维京人发动劫掠是获得财富、维持麾下战士忠诚度的好办法。

贺希尔（hersir，复数 hersar） 这是一个很不错的起点。如果你有足够的财富来获得武器装备，却感觉自己的雄心壮志还没有实现，那么你就是贺希尔的合适人选！贺希尔也被称为"有土地的人"，是贵族阶层中的最低一级。他们是地方首领，拥有大量的家族地产、佃户和附属者。贺希尔负责主持他们的地区庭会（thing，一种集会），并负责在战时领导防卫事务。贺希尔的财富足以为自己提供战斗的装备（我们接下来会讲到如何弄到装备），他们还是所有维京军队的中流砥柱。贺希尔可能拥有一条长船，或者至少在其中占有份额。他们的船员由自己的佃户和当地的自由民组成。贺希尔可以自己发动小规模劫掠，也可以跟其他贺希尔一起发动。贺希尔也可以带着自己的船和船员加入雅尔或国王率领的大型劫掠军团。国王和雅尔的希罗中的大多数战士都是贺希尔。

王权的加强对贺希尔产生了重大影响。许多贺希尔在为国王效劳的过程中获得了好处，但他们在地方上的权威却受到了损害，行事的自由遭到了限制。如果他们与国王发生冲突，他们的财力也不足以维护自己。大多数贺希尔对此也仅是忍气吞声，然后把维京掠夺视为一种能弄到更多钱的季节性工作，而非一种在家乡之外满足政治野心的方式。但在过去，许多不喜欢国王的贺希尔会去海外寻找能攫取土地并在当地定居的机会。你可能听说过他们上个世纪到冰岛定居的事——好吧，那基本上都是一些想获得更多权力的贺希尔带头干的。而到现在，国王愈发难以容忍自由的侵袭活动，贺希尔也有更多机会去国王的军中效劳。虽然跟随国王时得到的奖赏可能会多一些，但是许多老战士都很怀念那段自己自由地劫掠的时光。

你要知道，在斯堪的纳维亚，只有长子才有权从父亲那里继承土地。你可能认为，不是贺希尔长子的儿子们等于一文不值，但至少你的父亲会给你提供不错的军事训练，提供装备，让你去打仗。这就是给你的一个极佳的机会，让你成为

一位雅尔（左）和一位贺希尔（右）。两者一直以来享有的独立性被日益增长的国王势力给破坏了，但他们还有一条出路，那就是率领维京人出去劫掠。

一名战士，而不用承担太多家庭责任。你会在维京掠夺者的队伍中找到很多跟你一样不是长子的人，他们要么希望能在海外获得土地，要么希望获得足够的财富来让自己在家乡成为地主。当然，如果你加入一个希罗，你可能会因为良好的表现而获得一些地产。你心动了吗？

自由民　好吧，如果你是自由民，那还不算最糟的。自由民是斯堪的纳维亚人数最多的阶级，包括工匠和商人，不过其中大多数都是在陆地上工作，比如雇工、佃农或自由农。一些富有的地主有他们自己的佃户。所有自由民都有在当地庭会上发言的权利，也有为当地的防卫而参加护卫军的义务。大多数自由民的财富都至少够他买得起一支矛和一面盾——这是成为一名战士最基本的装备——而且许多人的装备比这要好得多。如果你比较穷，或者说只是一个雇工，那么你可能只有一柄砍柴用的斧头，我可得警告你，如果你面前站着一个穿戴盔甲的英格兰人，一柄斧头可完全不管用。如果当地首领不肯借给你武器，那么人们可能就不会要你加入当地的护卫军，但作为代替，会让你提供一些补给。

　　这个阶层里有很多渴望得到土地的自由民，他们会很乐意坐上当地首领的长船，希望在海外获得土地，或者抢到够多的战利品以回国买土地。然而，首领也不会随随便便地选人，他们更喜欢装备好、经验丰富的人。所以，如果你穷得买不起武器，自然就没有多少用武器的经验，首领也不会选你，你会就这样一直穷下去。

不过，如果你是一个工匠，还愿意冒险，那跟着维京军队去劫掠是个很好的赚钱机会，毕竟船只和武器总是需要修理的。同样，如果你是一名商人——拿所有时间做买卖的人很少，商人和维京人之间的界线往往很模糊。为了提防海盗，商人也需要有一些武装，有武装的商人也可以见机行事，做一些劫掠活动。为了把抢来的东西和俘虏换成银子，维京人也常常去做买卖。

奴隶（thrall） 这算很倒霉的。这可不是起步的好地位。如果你母亲是奴隶，那你也会成为奴隶。或者，如果维京人到你家附近，你又跑得不够快，就会被抓走卖掉，成为奴隶。奴隶是主人的财产，自己没有权利。如果主人愿意，就可以把自己的奴隶杀掉，或者用来献祭给神灵，或者用来满足性欲。尽管如此，男奴隶可能在有必要的情况下参加当地的护卫军，而主人让奴隶拿上武器与自己的邻居进行血腥的仇杀也十分正常。不是所有的奴隶受到的待遇都很差，甚至有许多奴隶最终因为忠心和良好的表现而被解放，成为自由民。奴隶一旦进入自由民阶级，其中有一些就有机会成为维京战士，不过大多数也许只是想简简单单地安定下来，享受自由。

女人 维京战士这个行当绝对不适合你。只有在关于传说英雄和神灵的萨迦中女人才能成为战士。不过女人可以做随军人员，见第 7 章。

女人不能成为战士，但是在白天辛辛苦苦搞掠夺的维京人肯定乐意在回到营地之后有女士为他端上一杯蜜酒。

维京人的一些突出的事迹

约789年　　3艘从挪威出发的维京海盗船在英格兰南部的波特兰登陆。当地人以为他们是商人，于是走到岸边去欢迎。这简直大错特错。

793年　　发生了一件每个人都印象深刻的事：维京人洗劫了诺森布里亚的林迪斯法恩修道院。这座修道院完全不设防。修士以为他们的圣人会保护修道院，却事与愿违。

795年　　维京人洗劫了苏格兰人设在艾奥纳岛上的修道院，接着在爱尔兰洗劫了另一座修道院。又有两群修士被他们的圣人辜负了。

799 年　维京人第一次攻击法兰克王国，却以悲剧告终：几艘船在阿基坦沿海失事，105 名维京人被当地人俘获并杀死。

810 年　丹麦国王戈德弗雷德掠夺了法兰克王国的弗里西亚，并强行收取了 100 磅（约 45 千克）白银的贡金。戈德弗雷德麾下的战士对他分配战利品的方式感到不满意，其中一个回国后谋杀了国王。

约 825 年　维京人开始在法罗群岛定居。当时那里的居民只有一些爱尔兰的修士，他们很快就都跑掉了。

832 年　维京人在一个月内 3 次劫掠位于爱尔兰的阿尔马的重要教会中心。

834—837 年　法兰克人的富裕港口多雷斯塔德每年都遭到洗劫。一棵摇钱树啊。

这可能是许多修士人生中看见的最后一幕：一群挥舞着剑和斧头的维京人冲进修道院。

一群罗斯人在劫掠君士坦丁堡期间被希腊骑兵踩在马蹄之下。维京人不总是能够为所欲为！

839 年　　第一批罗斯人（瑞典维京人）到达君士坦丁堡（维京人称为"米克利加德"）。

841 年　　挪威维京人在爱尔兰的都柏林建立了一个坚固的据点，这个据点随后成为主要的奴隶市场。

843 年　　丹麦维京人在卢瓦尔河口建立了一个基地，从此在法兰克王国常驻。

845 年　　另一支丹麦军队抵达法兰克王国，并在塞纳河畔建立基地。

859—862 年　　哈斯泰因和"刚勇者"比约恩在地中海发动劫掠，这场行动堪称史诗性的，但他们折损了一半多船只。

860 年　　罗斯人第一次试图攻占君士坦丁堡，却被击败。

约 860 年　　"瑞典人"加尔达尔在大西洋上被海风吹离了航向，因此发现了无人居住的冰岛。约 10 年后，开始有人到冰岛定居。

约 862 年　　留里克在加尔德里基的霍姆加德建立了一个罗斯人的王国。

865—876 年　　一支庞大的丹麦军队征服了英格兰东部的大片地区，并在此定居。随后这块地区被称为"丹麦法区"。

878 年　　威塞克斯国王阿尔弗雷德在艾丁顿击败了丹麦军队，结束了丹麦人征服英格兰的历程。

882 年　　留里克的亲属赫尔齐占领了基辅，并使其成为罗斯人的首都。

约 885 年　　哈夫斯峡湾之战："金发"哈拉尔德国王一统挪威。

如果你去东方加入罗斯人，就会经常扛着船在陆地上走，目的是绕开湍急河段或在不同河流间移动。

885—886 年	维京人围攻巴黎，未成功。
891 年	维京人在第勒之战中被法兰克军队击败，而且法兰克王国发生了饥荒，所以维京人决定去英格兰碰碰运气。
892—894 年	在英格兰，威塞克斯国王阿尔弗雷德让维京人举步维艰，维京人放弃了，然后回国了。
902 年	爱尔兰人驱逐维京人，许多人前往英格兰西北部避难。
911 年	塞纳河附近维京人的领袖霍尔夫（也称为"罗洛"）被法兰克国王封为鲁昂伯爵。
912 年	阿尔弗雷德之子"长者"爱德华开始征服丹麦法区。
912—913 年	罗斯人在里海（维京人称为"哈扎尔海"）进行的一次劫掠活动以惨剧收场。
917 年	如果爱尔兰人认为自己再也不会看见维京人，他们就大错特错了：维京人在这年回来复仇，并夺回了原先的基地。
919 年	罗格瓦尔德率领维京人征服了布列塔尼。
937 年	英格兰国王埃塞尔斯坦在布朗南堡之战中击败了维京人和苏格兰人的联军。

939 年　维京人被赶出布列塔尼，不过当时此地已经没多少可供掠夺的了。

954 年　另一次挫败："血斧"埃里克被赶出约克（维京人称为"约维克"），并在斯泰因摩尔中伏被杀，维京人在英格兰的影响力暂时结束。

978 年　"无准备者"埃塞尔雷德继位（我们知道他很快就会倒台），英格兰的强势国王统治时期走向终结。

980 年　丹麦人掠夺了南安普顿，并掳走了城里的大部分居民。看来好日子就要回来了。

988 年　君士坦丁堡的希腊皇帝创立了维京人组成的瓦兰吉卫队。

991 年　奥拉夫·特里格瓦松在马尔顿之战击败英格兰军队后，埃塞尔雷德国王做好了准备——向其送贡金！

· **小提示：** 你肯定在时间表上看到了很多新地名，接下来还能看到不少。你可以翻到本书最后的地图，看看它们的位置。

— 2 —

加入维京人

国王的侍从也不容小觑。

——《国王之镜》

× | × | × | × | × | × | × | × | × | × | ×

所以，你想成为维京人是吗？我们先假设你身体健康，且拥有自由身，不畏惧战斗，也不害怕波涛汹涌的大海。如果你父亲有权有势，你会有大把的机会去抢劫：父亲把你抚养长大是为了让你战斗，希望你能证明自己是一个真正的战士。如果你真正喜欢的是平静的生活，那可真倒霉，因为如果你无法在战斗中领导别人，就无法维持自己的地位。

如果你不是出身名门，那也别担心。所有自由民都必须在当地首领手下参加防卫军，所以，你至少可以学会用矛，知道自己在盾墙阵形中该做些什么。对穷孩子来说，参加防卫军时在战斗中展现战斗的精神对维京人来说是很好的机会，因为有可能被首领挑出来进入他的队伍。不过，成为职业战士的机会是有限的，而主要面向更富裕的阶层。但不要绝望——能力和阶级同样重要。

维京军队是如何组织的？

所有维京军队的构成单位都是希罗，希罗就是强大的首领和国王麾下的战士。维持一群希罗的花销极大。希罗中的战士称为"邓"（dreng）或"侍从"，他们的要求非常多。要给他们提供住处、饭食、衣物、武器，还要经常给他们黄金白银以让他们保持忠诚。即使是国王，一般也不会养一支超过 100 名战士的希罗。一个人麾下的希罗的规模取决于他的财富。当然了，声誉和出身也十分重要。你不会跟随一个懦夫或无名小卒，对不对？战士当然更喜欢跟随一个能打胜仗的领袖，而且任何具有王室血统这一特殊魅力的人都能很容易吸引到追随者。

即使某个希罗中的战士的数量还不够装满一艘长船，那也足以被视为一支军队。冰岛是公认的人口稀少，九到十个武装起来的男人在一起也能被称为军队。但是一般希罗里面，职业战士才是首领军队里唯一的核心力量。为捍卫自己的领土而对抗侵略者时，首领也有权在当地征兵来防卫。首领率远征队前往海外时，会从护卫军里挑出最能干的人，以加强自己的希罗。这就是你成为维京战士的渠道了。参与维京劫掠活动不像参加护卫军那样是法律义务，却也不代表你可以拒绝。自由民需要首领的保护和支持，反过来，如果首领要他来帮自己实现野心，他有义务提供帮助。但是通常也不会缺乏自愿加入劫掠活动的人——毕竟想在生活中找到突破点的人可不是只有你一个。

英格兰危险！维京军队即将到来！一支大型的丹麦舰队正在英格兰海岸登陆。他们放低桅杆和帆，以让敌人难以发现自己。

　　更大规模的维京军队由一些较小的私人军队组成，有时人数可以达到五六千。在维京劫掠活动最开始的一百年里，首领们只是简单地联合起来作战而已。每位首领都保留了自己对希罗的控制，所以都希望参与战术和战略的决策。然而，如果首领在战争中证明过自己，或者拥有王室血统，那么他的看法一般更有分量。但是，所有这些首领也需要考虑麾下战士的意见，因为如果战士对自己的首领感到不满，就可能转而效忠于另一位首领。或许联合领导的办法看起来有很大的缺点，但865年入侵英格兰的那支丹麦大军至少有7名首领，而且这支军队征服了几近半个英格兰。这种军队很容易联合起来，也同样容易瓦解。一旦战役结束，首领就会带着各自麾下的战士分道扬镳，要么带着战利品回国，要么在被征服的土地上安家，要么另找地方战斗。

> **·小提示：** 你要明白，大家会注意到你。所有自由民都有权说出自己的好主意。好的领导者会听取手下的建议，提出好建议的维京人也会得到回报。

如今，一支庞大的维京军队更倾向于只承认一位领导者，这位领导者一般是雅尔或国王——只有这种有权又有钱的人才可能维持成百上千的战士，才可以吸引属下的首领率领战士来为自己效力。你可以自愿地前去效力，期待能在战斗胜利后获得回报，但事实上，你几乎没有权利选择不参加。你拒绝的话，所有人都会说你不忠诚，所以最好避免。首领依然在战斗中领导各自的随从，但他们之间在战斗中不再是关系平等的伙伴，而是要为了国王的利益而战。

军 纪

维京军队没有正式的军纪，因为不需要。个人的忠诚、共同的誓言，以及最重要的荣誉就足以让大多数人坚守各自在盾墙之中的位置。荣誉对战士来说最为重要。没有荣誉的人等于"废人"

（niðing），没有存在的必要。损害荣誉的最快方法就是临战脱逃，在战斗中抛弃领主和战友。大多数男人害怕作为"废人"活下来，甚至远远超过畏惧死亡。

兵　役

如果你是一个身体健全的自由民，就有责任拿起武器参加当地的防卫军。在紧急的时候，即使是奴隶也有可能被武装起来。首领和雅尔有权召集各自领地的人。如果有需要的话，国王有权召集王国里的所有自由民，但实际上国王一般只挑选其中的精锐。危机持续多久，兵役就会持续多久。大多数人都急着回家照顾农田。参加防卫军的经历可能是你首次经历真正的战斗，却不意味着你已经成了一个维京战士。

在征募兵的庭会期间，首领会挑出最优秀的人，让他们加入自己为劫掠活动而组织的希罗，或者带领他们参加某位国王的军队。你可以趁此机会得到首领的关注。首领一般首先挑选贺希尔阶级的男人。尽管现在首领将武器和盔甲借给手下的情况更加普遍，但如果你是一个比较穷的自由民，没有钱筹办打仗用的武器装备，首领也不太可能选上你，而是会命令你提供补给以作为代替。如果国王想召开一个组织军队的庭会，按照律法的要求，所有自由民都必须和他们的首领一起参加。而实际上，贫穷的自由民根本无力负担这笔花销，所以首领只会挑选麾下最优秀的人跟自己一起出席庭会。然后国王会选出他想留下的人，并命令其余的人为远征出钱。

基本训练

在斯堪的纳维亚，战士没有正式的训练安排。所有自由民都有权随身携带武器，所以武器的使用基本上都是由亲人来传授。你可能已经忘了大人第一次给你玩具剑玩的事情了。如果你有一个严格负责的父亲，那么很可能你从放开母亲的手，第一次自己走路的那一天起便开始训练了。如果你很幸运，父亲很有钱，那么你在10岁左右就会得到人生中的第一把铁制武器。当然，它比你父亲的武器更小、更轻，但你肯定对那一天记忆深刻：你第一次感到自己像个男人。

受训的次数和质量主要取决于你家庭的财富和地位。如果你来自一个贫穷的佃农家庭，你很可能没什么机会去训练，因为你需要去农田里劳作。你父亲拥有一把老旧的矛、一个盾牌和一把木斧，但很少有机会使用矛和盾。他可能曾和其他征募兵一起在盾墙中战斗过，甚至可能参加过首领统率的一次劫掠活动，但他也很可能战争经历仅限于为别人提供作战物资。但如果你的父亲是个贺希尔，那就幸运得多了。他会拥有全套战斗装备，曾率领本地的征募兵作战，或许还曾领导维京人进行劫掠，甚至在国王或者雅尔的领导下参加过长期战役。他有很多的东西教给你，但你受到的训练仍然比不上雅尔或国王的儿子——这些特权阶级的孩子不需要担心农事，可以从小时候就带上最精良的武器装备完完全全地投入训练，不断从父亲的随从中经验丰富的勇士那里接受教导。不过，不要浪费时间在嫉妒上面，而是抓住每一个训练的机会。就算你不能做到最好，也可以做得比其他人更好！

如果你不是出身于特权阶级，当你长到一定年纪，可以应征参加当地防卫军的时候，你会有机会学习一些战斗技能。这时，首领和他的侍从会让征募兵练习使用盾牌、长矛，还会教一些基本的战术，比如盾墙。在沿海地区，你还可以接受在长船上划船、操帆的训练。注意，你要表现出积极性和攻击性，这样才有可能被选中去参加劫掠活动。情况紧急的时候，一些年轻人甚至在战斗开打之前才首次接受结成盾墙的训练，不用说，效果当然不会理想。

大多数男孩子的第一个武器是一把木剑。你只要和同伴一起扮演维京战士玩乐，就能学到很多东西。木剑不会造成严重的损伤，不过被狠狠地打到的经历也足以帮助你学到一些东西。

23

如果弓箭手想要拥有足够的上身力量，就必须从儿童时期就开始训练射箭。射箭是一项很受欢迎的运动，还能为餐桌增添菜品。

·小提示：参与摔跤、投掷长矛和射箭等竞技运动是你提高、展示战斗技能的另一种方式。如果你表现得争强好胜，人们不会责骂你，而会鼓励你。著名的冰岛维京人埃吉尔·斯卡拉格里姆松在只有 7 岁的时候杀了人。当时他的一个纵容孩子的邻居给了他一把斧子，他拿这把斧子杀死了一个之前在球赛中打了他一顿的年纪稍长的男孩。埃吉尔的母亲觉得儿子是块料，可以成为真正的维京人。她把这事告诉了她的丈夫——一位当地的首领，让丈夫等到孩子长得足够大就给他一艘船和一些人。

几岁才能成为一名战士？

15 岁或 16 岁时，你将获得成人的权利和义务，包括服役的义务。当然，具体的岁数取决于当地的习俗和法律，不过可能要过几年你才会被选上参加劫掠活动。被选去当战士的最低年纪是 18 岁——年轻人此时开始进入身体状态最好的时候。大多数领导者都不愿意找 50 岁以上的战士，其实能活到这个岁数的战士也非常少。确实经常有小于 18 岁或大于 50 岁的人参加战斗，尤其是在他们属于较高阶级的情况下。有时候，拥有王室血统的人甚至在少年时代就开始率兵征战了。

加入希罗

大多数维京人都不会把所有时间都放在战斗上。他们可能会渴望与首领一起在夏天出海劫掠，或者参与一场时间稍长的战役，但他们中的大多数骨子里仍然是农民。如果你想成为一个职业战士，那就作为一名侍从加入首领或国王的希罗吧。如果你属于首领这一阶级，那么你的家庭关系和更好的训练可以让你更轻松地成为侍从。否则的话，你要先在战斗中证明自己的能力，然后才会被纳入考虑。国王麾下的勇士通常来自贵族家庭，部分原因是他们的地位较高。如果国王身边都是王国内血统最好的人，国王的威望也会提高。这对勇士来说也一样重要，因为为国王效力有助于加强其家族与王室之间的联系。对于国王来说，招募一个低微家庭的农家小子进自己的希罗并无多大价值，无论他有多么擅长战斗。

如果你成功加入侍从之列，你将成为宣誓过的伙伴群体"费拉格"（félag）的一员。所有的战士都会发誓忠于同伴和领袖，你也需要照做。一般来说，要对着神圣的银臂环发誓，臂环上要有专门为这个用途而保存在神庙里的祭品之血。这些誓言的时效一直持续到去世，但有些时候，打破誓言不会损害到你的荣誉。作为忠诚的回报，领袖有责任为你提供食物和住所，奖励你武器、珠宝和土地。如果你觉得你的领袖没能尽到他的责任，你有权转而效忠于另一个领袖。

作为一个侍从，你将像首领的家庭成员那样生活，在他的大厅里吃饭睡觉。别奢望能有什么隐私。只有首领和他的妻子有一间独立的卧室，这间卧室和大厅的其余部分是隔开的。你得和所有人一样，在大厅两侧的长凳上睡觉。冬夜里，请尽量在靠近壁炉的地方睡觉。

骑马的维京战士。马匹非常昂贵，但你一旦加入希罗，就有可能得到各种最好的东西。

希罗的律法

> 根据习俗，战士们应该坐在指定的位置上，位置按照他们的能力、年纪或血统来安排。这样一来，资历高和能力强的人就会占据更尊贵的位置。显然，要是有人从原有的位子上被踢了下去，那可真是耻辱和丢脸。
>
> ——斯文·阿格斯森，《侍从的律法》

如果你有幸成为一个希罗，你的战友将成为你最好的伙伴，也会成为你的竞争对手。希罗里的勇士是竞争狂人，无时无刻不想着提高自己的地位和声誉，让领袖更看重自己。这是很正常的情况，因为这会鼓励战士在战斗中发扬英雄气概，奋勇争先。不幸的是，一个战士地位的提升要以另一个战士地位的降低为代价。因为宴席中的座位是按地位分配的，最重要的战士坐在离首领或国王最近的位置，战士地位的上下变动一目了然。对于一个战士来说，把自己的位置让给别人是一次痛苦的经历，所以战士间的竞争很容易变得下三滥。

为了维持纪律和秩序，希罗的成员要宣誓遵守一些约束他们行为的律法。各个希罗的律法各不相同，但都跟下面这样的差不多：

· 只有在新年时，战士才可以转而效忠于另一位领主，但不能以任何方式侵犯现任领主的荣誉。

- 战士之间的纠纷通过评判两者的宣誓证言来解决。

- 对于犯下轻微罪行的人，则把他在宴席桌上位置降低一个，以示惩罚。

- 如果某个战士用拳头击打或用武器伤害了另一个战士，伤人的战士会被逐出希罗队伍，被宣布为罪犯，背上"废人"这一耻辱的称号。

- 对于背叛其领主的战士，其所有财产将被没收，此人将被逐出希罗之列，列为罪犯，背上"废人"称呼。

- 希罗的战士须齐声宣誓三次：如果再次见到被驱逐的前希罗成员，则要把他杀死。

- 希罗的任何一员，如果见到被驱逐的前希罗成员，且己方比对方多出一个人或一件武器却不进行攻击，那么他自己也会被列为罪犯，背上"废人"的称呼。

- **小提示：** 加入希罗之前先看看他们的规矩吧。如果你受不了这些规矩，你可能得等非常长的时间才能不损荣誉地离开队伍。

筵 席

当军队的领袖叫大家进入大厅时，雅尔往往已经跟无数人一起在庆祝了。为这些寻得黄金之人举办的筵席上，礼物已备好，众人拥挤地坐着，中间有最大的荣耀。

——斯诺里·斯图鲁松，《诗韵》

在战场之外，宴席是战士生活中最重要的场合。盛宴不只是吃喝的时刻，更是首领和他的战士公开炫耀的机会。对于首领来说，让别人吃香的喝辣的最能直白地展示自己的权力和财富，所以他会尽量好好准备，让别人留下深刻印象。筵席上可能有很多肉、血肠、小麦面包、麦芽酒或蜜酒。喝醉是难免的。毕竟蜜酒

▲ 一个精致的角杯。用这样的杯子喝上几杯还能保持清醒的话，每个人都会觉得你了不起。（大英博物馆，伦敦）

◀ 这是在为胜利而干杯！维京人在宴会上畅饮，把烦恼抛到九霄云外。

能"销人愁绪"。你要用角杯喝麦芽酒，而且得一饮而尽，否则你放下角杯时酒会洒出来。

> **·小提示：** 请注意，在筵席上豪饮是要考验你的男子气概。人们会尊重喝醉了还能保持理智的人，反之，不能保持理智的人会被当成傻瓜。

然而，作为一个战士，对你来说最重要的事情不是食物和酒，而是你坐的位置。宴会厅里有两个长桌，摆放在长长的中央壁炉的两侧。你不能随心所欲地乱找座位，因为座位是按照地位分配的。作为一个侍从，你可以坐在贵宾席上。贵宾席就是离门最远的座位，供要人就坐。首领坐在贵宾席的中央。你坐得离他越近，你的重要性就越高，其他人也就会知道你的地位。你坐在贵宾席上，会吃到最好的肉，喝到最好的酒，还会有一个专门的女仆来服侍你。地位低的人坐在最靠近门的地方，整晚都要背对冷风。还有侍者把守大门，以防不速之客闯入。

吟　诗

战士在筵席上最重要的娱乐活动就是聆听吟游诗人吟诵他们的最新诗作。吟游诗人专门为国王和首领创作赞美诗，用诗歌来讲述他们在战斗中英雄般的成就，以强化他们的声名。许多在场的战士都亲身参与了吟游诗人描述的那些战斗，知道吟游诗人有所夸大，是想奉承每个人，但还是兴奋地听他说下去。吟诗的技艺和武艺一样，都是奥丁神赐予的礼物。吟游诗人同样是战士，他们知道站在盾墙之中是什么样的感觉，所以他们的诗歌会流露出坚定的信念。吟游诗人在战斗中的职责之一就是现场作诗吟诵，记述战况，展示自己镇定自若的态度和所思所想，激励同伴去建立辉煌的战功。

> · **小提示：** 去和吟游诗人做朋友吧。他们是野心勃勃的维京战士的好盟友。在战斗中表现出色的战士很可能出现在赞美诗中，继而名声变得更大更响。

在吟游诗人那里，慷慨是首领或国王身上最值得推崇的美德之一。吟游诗人的生活依靠首领和国王的赞助，所以这一点完全在情理之中。不过领袖一旦有了慷慨的名声，他就最好说到做到，所以推崇慷慨这件事也会让战士受益。

吟唱的诗篇押头韵，头韵能带来鲜明的节奏，令听众沉醉其中。鲜明的节奏使诗篇朗朗上口，而名诗会迅速通过口口相传流传开。国王和首领非常欣赏这一点，因为这意味着他们的事迹在死后也能代代流传。

一位吟游诗人赞美奥克尼的比尔芬雅尔

对阵英格兰的雅尔

催促旗帜向前；

他的战团经常

染红了鹰喙；

火焰焚毁了厅堂

人们奔走，火焰

肆虐，烟雾弥漫

冲向天际。

英勇的战士跃过堡垒，

无畏地走向战斗中的人群，

无数号角咆哮，但是

雅尔的旗帜仍然高悬。

没人能打垮凶狼一般的领主

麾下的勇士；

待到黎明，钢铁映光，

狼饱餐尸骸。

——《奥克尼萨迦》

由于诗人讲述的几乎全都是屠杀敌人的乐趣，因此诗歌的语言很容易变得反反复复。为了避免这种情况，吟游诗人们会自由地使用比喻复合辞，即一些巧妙的隐喻语，尤其是关于航海和战斗的隐喻。你很快就能记住。

一些应知的喻辞，别跟个傻瓜一样

- 盾牌破坏者　斧子
- 刀剑之争　　战斗
- 战斗的汗水　鲜血
- 武器风暴　战斗
- 尸体啤酒　鲜血
- 剑之沉睡　死亡

吹牛皮

让我们回想一下，我们之前坐在大厅里，一边喝着蜜酒，一边述说豪言壮语，我等英雄承诺面对艰险的战斗也决不退缩。现在是时候证明它了。

——《马尔顿之战》

你很快就会发现，战士们沉迷于在宴会上比赛吹牛——这是他们提升自己最为看重的声望的重要方式。你最好在有了一些经历之后再吹嘘自己。如果你只是一个刚从农场出来的新人，却开始吹嘘自己的英勇，人们只会当你是个傻子。宴会的麻烦在于，一旦你喝多了，你的嘴就会不受控制，开始喋喋不休。当你第二天头痛欲裂地醒来的时候，如果你希望大家都喝得酩酊大醉，不会记得你吹嘘说自己要独自面对敌人的盾墙的大话，那是不可能的。这样的海口一定会被记住。如果你不能兑现吹出去的牛皮，你会没面子；如果你真的想去兑现，你很可能会没了小命。没有人会同情你的窘境。如果你酒量不行，就最好乖乖闭嘴。

> ·**小提示：**不管另一个战士的牛皮吹得多么荒唐可笑，
> 　　　　　除非你想打架，否则千万别说他在撒谎。侮
> 　　　　　辱一个人的荣耀会引起双方的决斗。

决　斗

　　如果你受到侮辱却不能捍卫自己，你的荣誉也会受到损害，就和临阵脱逃一样。在战场之上，你可以杀死冒犯你的人，但在宴席上杀人却会很麻烦。从法律上讲，在宴席上杀人是过失杀人，你必须赔偿。如果不赔偿，你可能会和死者的家人结下世仇，再牵连好几条人命，甚至波及日后出生的孩子。在侮辱面前捍卫荣誉的合法途径是和冒犯你的人进行"决斗"（hólmganga，字面意

义是"在岛上行事")。按照传统,决斗要在岛上进行,要遵守一定的规则,要有旁人见证。如果你在这样的决斗中杀死了冒犯你的人,你也不必为杀人而赔偿。尽管会有人在决斗中丧命,但是这种决斗并不是严格意义上必须要有一方死亡才能结束。

不同地方的决斗规则不尽相同,不过一般都会有一个标出边界的决斗场。在冰岛,决斗场是一块5厄尔(1厄尔约等于1.14米)见方的布。布的四角都被固定好。场地的边缘是约0.9米宽的沟,沟的外侧围着一圈绳子。决斗者单脚踏在绳子外面会被判作投降,双脚踩在绳子外面会被判作逃跑。不敢出场决斗的人会被直接当成"废人",和临战脱逃的人一样。每名决斗者都可以携带一把剑和三个盾牌。双方会事先商量好判断决斗结束的条件,比如:两次击中同一处伤口,一方投降或逃跑。如果失败者还活

这两幅图都展示了决斗的场景:两个男人为解决荣誉问题而根据严格的规则进行决斗。如果最后双方都未丧命,失败者要向胜利者支付赎金。

着，就必须向胜利者支付3马克白银作为赎金。在瑞典的有些地方，如果你杀死挑战你的人，你甚至可以拿走他的财产。

> **·小提示：** 如果你没工作，那可以有意地去乡下侮辱别人，这样他们会觉得必须和你决斗以保全面子。你最好挑一个看起来不擅长战斗的人，比如年老体弱的人。他们不得不向你屈服时，你就可以拿到赎金。一些没有工作的狂战士靠这种方式还活得很滋润。

诽　谤

有一个方式能让别人怨恨你又不会太暴力，那就是创作一些简短的诽谤诗。小诗容易记忆，而且容易口口相传，但它不同于吟游诗人的诗歌，诽谤诗完全是在破坏别人的名声。如果诽谤诗写得好，能一直流传下去，甚至到被诽谤的人死后还能损害他的名声。因为大家都明白这一点，所以不是每个人都能忍气吞声的。埃吉尔·斯卡拉格里姆松写了一首尖酸刻薄的诗，称"血斧"埃里克国王窃取了自己的财产。埃里克十分不快，誓要在见到埃吉尔时将其杀死。几年后，埃吉尔因遭遇海难而落入埃里克手里，埃吉尔运用高超的诗才，为埃里克创作了一首天花乱坠的赞美诗，从而救了自己一命。并非每个人都如此大度，诽谤他人的人确实可能被杀死。

有一种正式的方式能让互相敌对的人表达对彼此的不满，那就是在宴席上展开的骂战（flyting）。骂战中双方以仪式性的方式互相侮辱。其过程极具挑衅意味，包括骂对方是性变态，甚至是懦夫，但是措辞必须巧妙，最好是用诗歌的方式。骂战结束时，观众要决定胜者是谁。胜者要喝一大杯象征胜利的蜜酒或麦芽酒，接着让失败者跟自己一起喝。骂战只适合思维敏捷的人。如果你反应迟钝，千万别去尝试——你只会出洋相，何况没有人会赞扬一个傻瓜。与其说一些蠢话，不如保持沉默。

发　狂

奥丁神可以让敌人在战斗中变瞎，或变聋，或让他们胆战心惊，让他们的武器脆过柳枝。奥丁神的勇士却向前冲去，身无片甲，凶暴如犬狼，口咬盾牌，强壮如熊或野牛，一击致命。但烈焰及兵器均不能阻挡他们。他们唤作"狂战士"。

——斯诺里·斯图鲁松，《英格林加萨迦》

狂战士是从诸神之父、战争之神奥丁那里得到了特殊力量的狂热战士。然而，成为狂战士并不是一件能够选择的事。狂战士组成了秘密团体，其仪式只为成员所知。战斗开始之前，狂战士能让自己陷入失神般的暴怒状态，像野兽一样嚎叫，口衔盾牌。在这种状态下，狂战士有野兽般的力量和凶猛，完全感觉不到伤口的痛楚。正因如此，他们才会在战斗时不穿戴被视作累赘的盔甲，而只披熊皮或狼皮。狂战士会对敌人造成巨大的心理压力。在面对这些非常鲁莽、残暴，而且完全不顾自身安危的对手时，大多数理智的战士当然会感到非常紧张。狂战士的确不关心自己的生死：战死沙场对他们来说最好不过，因为这能确保他们进入瓦尔哈拉殿堂，与奥丁神同桌品尝蜜酒。

　　虽然狂战士恐吓的是敌人，但他们对每个人来说都非常危险。他们可能因为一点点冒犯就暴跳如雷，在冷静下来之前会杀死或伤到几个人。因为狂战士有这样的名声，所以他们很容易当

战到发狂之际，狂战士咬着他们的盾牌。他们对伤口的痛苦毫无知觉，渴望战死。狂战士是最让人闻风丧胆的斯堪的纳维亚战士。

上别人的保镖，但是希罗之中很少会有狂战士。很多狂战士最后都成了不法之徒，这也是意料之内的事。

加入瓦兰吉卫队

如果有维京人想要加入比在家乡加入的那种更加正式的军事生涯，他们可以前往拜占庭帝国的首都君士坦丁堡。在那里，巴西尔皇帝不久前组建了一支维京战士组成的精锐卫队，称为"瓦兰吉卫队"。"瓦兰吉"是希腊人和罗斯人对斯堪的纳维亚人的称呼。瓦兰吉卫队成员获得的报酬十分丰厚，可以让他们在这座世界上最富裕的城市享受奢华、有特权的生活。

拜占庭帝国一直都非常欢迎维京人前来当雇佣军，但过去总是把他们派往常规的部队中服役。瓦兰吉卫队是第一支专门组建的维京人部队。希腊皇帝巴西尔的希腊侍卫背叛以后，他决定设立这支卫队。瓦兰吉卫队不由希腊人组成，因此巴西尔显然认为这支部队不大可能卷入那些险恶的宫廷阴谋，而君士坦丁堡正是因宫廷阴谋而臭名昭著。首批瓦兰吉战士有 6000 名，由巴西尔的盟友加尔德里基（即俄罗斯）大公弗拉基米尔送来。弗拉基米尔曾经招募挪威和瑞典的雇佣兵来帮助自己夺取大公之位，现在无力支付报酬，认为派遣他们去希腊皇帝那里是一个把他们弄走的好机会。瓦兰吉卫队刚到达君士坦丁堡就被派上了战场，在一个叫作克利索波利斯的地方击败了一支试图推翻巴西尔统治的叛军。从那时起，瓦兰吉卫队就一直担任皇帝的贴身护卫。巴西尔正是维京人渴望追随的那种领导者，他是一位伟大的战士，对他的瓦兰吉卫队又十分慷慨。若成为卫队的一员，会有许多的掠夺机会等着你——据说他们现在正准备对阿拔斯王朝（维京人称其统治区域为"谢克兰"）的撒拉逊人发动战役呢。

会　费

你必须把加入瓦兰吉卫队视为一种投资。前往君士坦丁堡的旅程十分漫长。假如到那里要花上一年的时间，你可能要半路在加尔德里基过冬。旅途中可能有危险，所以为了安全起见，你应该与其他抱有同样打算的人一起上路。你可以在途中找一些差事赚点钱，比如给旅行商人当保镖，或者在加尔德里基当一段时间的雇佣兵。然而，路上的花销算是花钱最少的地方。想要加入瓦兰吉卫队，你必须缴纳几磅黄金的加入费用。这也就意味着只有有钱人才能成为卫队的一员。瓦兰吉卫队是一个精英团体，皇帝只想招募最优秀的人。外表非常重要，因为皇帝希望身边的卫士高大威武，又令人惧怕。在被批准加入瓦兰吉卫队之前，申请者必须在普通的军队（拿普通的酬劳）中展现自己的本领。

瓦兰吉卫士的奖赏

如果你想知道奖赏有多好，可以读一读关于波利·伯拉森的故事。这位著名的维京海盗曾在瓦兰吉卫队服役，然后返回故乡冰岛。

波利和11个同伴一起，下船骑马。同伴都穿着鲜红色的衣服，坐在镀金的马鞍上。他们个个相貌英俊，但波利更胜一筹。波利身穿希腊皇帝赐给他的金丝刺绣丝绸衣服，在外面披上一件鲜红色的斗篷。他佩带宝剑"噬股"，剑柄头是黄金压花，剑柄上镶着黄金。他头戴着镀金的头盔，身上挂着一面红色的盾牌，盾牌上用黄金镶着一个骑士的图案。他手握一支长矛，这是身在外国土地时的惯常做法。无论他们在哪里过夜，妇女都不顾一切地盯着穿着华服的波利一行。

——《拉克斯峡谷萨迦》

处决谋叛者时，瓦兰吉卫士持利斧站岗。维护君士坦丁堡的城市安全是瓦兰吉卫队的一项重要职责。

41

瓦兰吉卫士的酬劳

酬劳取决于你的表现和等级。作为瓦兰吉卫队的成员，你每年可以得到 1.3 磅（约 0.58 千克）黄金的酬劳，之后可以增加到每年 2.5 磅（约 1.13 千克）黄金。这可远远超过了其他为希腊人效力的雇佣兵拿到的报酬。更棒的是，瓦兰吉卫士在战利品中能分到的份额也远远高于其他雇佣兵：皇帝占三分之一，瓦兰吉卫队占三分之一，剩下的三分之一留给其他军队。皇帝也会在特殊场合赏赐大量黄金或丝绸，这样你的入会费很快就可以赚回来。

发薪日。一大笔希腊银币和撒拉逊银币。做几年瓦兰吉卫士之后，你可以带着满满几大包这样的银币回家。

命令和纪律

瓦兰吉卫队由称为"阿科洛托斯"（Akolouthos）的希腊军官指挥。这位军官等级不低，在队列行进（这是拜占庭帝国内一件很重要的事）中紧紧跟在皇帝身后。瓦兰吉卫队的 6000 名卫士分成 12 队，每队 500 人。每一队的指挥官也是希腊人。你必须定期参加阅兵，展示你的武器。

瓦兰吉卫队有一点在雇佣兵当中相当独特：瓦兰吉卫队成员有权审理其成员的违纪行为。除非有酌情减轻罪行的情况，否则彼此暴力攻击的卫士将被处以死刑。对于较轻的罪行，常见的惩罚是到偏远的驻地服役。

瓦兰吉卫队的职责

瓦兰吉卫队最重要的职责是保护皇帝。皇帝在君士坦丁堡城内移动时，身边一定有瓦兰吉卫士跟随。他们负责维持君士坦丁堡的公共秩序，守卫所有重要的公共建筑，还要在所有皇宫入口处的警卫室里值守。希腊人经常在典礼上或官僚机构中捣乱。城中时常出现混乱的情况，支持不同赛车队伍的两派之间也时常爆发冲突。卫队还要为皇帝执行特殊的安全任务，比如逮捕可疑的叛徒，折磨、杀死他们或弄瞎他们的双眼。他们还负责管理阴森的努美拉监狱——谋叛者在遭到处刑前将一直被关押在这里。

皇帝外出打仗时，瓦兰吉卫队的一部分会被留下来守卫君士坦丁堡。而随同出征的瓦兰吉卫队在战斗中充当机动部队。战斗中，他们往往在后方保卫皇帝，只会在关键时刻投入战斗。在营地里，瓦兰吉卫队的营帐搭建在皇帝营帐的周围，100名瓦兰吉卫士时刻站岗守卫。皇帝停留在省城的时候，瓦兰吉卫队在晚上

瓦兰吉卫士行为准则

可做	不可做
· 在斗兽场跟野兽打斗，赚点零花钱。	· 在教堂参加礼拜时打哈欠（无论礼拜有多久、多无聊）。
· 像突厥人一样文身——许多瓦兰吉卫士都有文身。	· 在公共场合从事异教的活动——这里可是基督教世界的中心！
· 支持一支当地的战车队伍。	· 不屑于学当地语言——尽管有翻译随时待命。
	· 一次性花光所有钱：你应该存足够的钱以便衣锦还乡。

掌管省城大门的钥匙——千万别弄丢了啊！

　　瓦兰吉卫队的小队也可能被派去平息一些叛乱，或者去守卫某座特别重要的要塞。许多瓦兰吉卫士在航海方面也有经验，所以他们经常与海军合作，乘坐快速桨帆船巡逻，打击海盗。这份工作是个肥差，因为指挥官有权将俘获的海盗船上的财物分配给下属。许多瓦兰吉卫士都会模仿狂战士的做法，以便为卫队赢得"作战勇猛"之类的名声。

一位头顶光环的希腊皇帝策马走在路上，由瓦兰吉卫队贴身保护。无论在何处，都有瓦兰吉卫士守在希腊皇帝（他并没有真正的光环）身旁。

瓦兰吉卫队的装备

瓦兰吉卫士的战斗方式和维京人的一样，使用的武器也一样：宽头战斧、剑和矛。所以你不需要再学习新的技能。当局甚至会招募维京铁匠来给他们准备武器。所有的瓦兰吉卫士都有一个铁头盔、一个圆形或鸢形的盾牌和护身甲胄，甲胄可能是链甲或鳞甲。如果你喜欢穿漂亮的衣服，这份工作也很适合你，因为日常担任警卫时需要统一穿天蓝色的丝绸衣服（没错，天天穿<u>丝绸</u>！），拿着镀金的斧子，因此他们有一个绰号是"皇帝的执斧蛮人"（"蛮人"说的是不会讲希腊语的人，所以这个称呼是一种侮辱）。由于瓦兰吉卫士爱喝酒，所以也被称为"皇帝的嗜酒蛮人"。不过，你能指望从不懂酒的希腊人嘴里听到什么好话吗？希腊人爱往酒里掺水，把好酒都糟蹋了，真让人搞不懂！

君士坦丁堡的生活

瓦兰吉卫队里人太多，没法全住在一个兵营里。去皇宫里挑一个营房吧，你可以在一个怡人的庭院里找到宽敞的房间。这里的住宿条件是最好的，单个房间里住的人不会超过12个。其他瓦兰吉卫士居住在舒适的平民住宅里，住宅靠近圣马尔玛斯的军港。身上没有任务的时候，他们不愁在君士坦丁堡找不到娱乐活动，也不愁没有可以花的钱。妓院里挤满了漂亮的姑娘，城市的赛马场里也有不少刺激的赛车比赛等活动。君士坦丁堡有非常多的酒馆，尽管没有啤酒，但是葡萄酒很便宜，喝到烂醉也花不了多少钱。当然了，那些阴柔的希腊人看不起这种行为。难怪他们需要找雇佣兵替他们战斗。

— 3 —

维京新手指南：成为伟大的战斗领袖

现在告诉我在哪里能找到最强大的维京战士。

——《弓箭奥德萨迦》

× | × | × | × | × | × | × | × | × | ×

选择正确的战斗领袖是维京人必须做出的最重要决定。战士需要的是能给他带来战利品的领袖，而不是带他送死的领袖。最好的战斗领袖应该精于使用武器，懂得如何打胜仗，能够勇敢作战——这样才能在战斗中为下属树立榜样。然而，蛮力并不代表一切。在外交和谈判中使用手段，可以跟打胜仗一样获得回报。但如果战斗领袖吝啬小气，以上品质就都毫无意义，因为他的部下不久就会离开他。从古往今来的伟大维京领袖身上学学吧。

奥拉夫·特里格瓦松

奥拉夫去年夏天在马尔顿赢得的胜利，奠定了他作为当今最优秀的维京领导者的名声。早在 20 岁出头的时候，奥拉夫就有雄心壮志。大多数人认为他通过掠夺增加财富、募集战士都是想对挪威王位有所企图。尽管他不一定能成功，但万一事成，帮助他登上王位的战士都能得到不错的回报。奥拉夫以不吝惜钱财而闻名，他的战士也因此十分爱戴他。

奥拉夫以前作为受害者，以非常惨痛的方式学习了维京人的攻击方式，也学会了坚强的道理。他的父亲是挪威的一个小国王。父亲被杀后，他的母亲阿斯特丽德带着幼小的奥拉夫和他的养父索尔夫一起过上了流亡的生活。在渡过波罗的海（维京人称为"东海"）前往加尔德里基的途中，他们乘坐的船被爱沙尼亚的维京人俘获了。在分配战利品的过程中，奥拉夫和索尔夫分配给一个名叫克勒孔的维京人。克勒孔觉得索尔夫没什么利用价值，为了节省开销而杀了他。克勒孔将奥拉夫当作奴隶卖掉，换了一件好斗篷。但是奥拉夫没有受到虐待。在 8 岁的时候，堂兄西格尔德找到了他，赎回了他的自由，带他去了霍姆加德。奥拉夫第一次杀人的时候只有 9 岁，当时他在霍姆加德的集市上发现了克勒孔，用随身带着的小斧头一下子劈开了克勒孔的头颅，以报索尔夫之仇。当时的

这个维京人脸上挂着神秘莫测的微笑。也许他想的是去年夏天在英格兰和奥拉夫一世并肩作战时赢得的财富，或者是在想即将到来的胜利。

48

奥拉夫还不能算是一个坏蛋。

从此以后，奥拉夫的实力越来越强大。他一直在加尔德里基待到18岁，在当时还是王子的弗拉基米尔（现在是罗斯人的君主）的卫队中证明了自己是出色的勇士。奥拉夫觉得自己待的时间太久，逐渐不受待见，于是动身离开。他去波罗的海从事维京人的海盗活动。他掠夺了丹麦的伯恩霍尔姆岛，在文德兰过冬。第二年春天，他劫掠了文德兰各地，烧杀抢掠。然后他装备好他的舰队，劫掠瑞典沿海和哥特兰岛，击败了当地防卫军。奥拉夫在海上俘虏了一艘瑞典的商船，杀死了所有船员，占有了船上的货物。回到文德兰时，他的船只载满了战利品。后来，他为德意志皇帝奥托而战，对抗丹麦国王"蓝牙"哈拉尔德。

两年前，奥拉夫再次决定改变。他武装了舰队，然后绕着北海航行，向南大肆掠夺：首先是萨克森，然后是弗里西亚和佛兰德斯。吃死尸的狼和乌鸦在那年夏天多了不少食物。去年，奥拉夫入侵英格兰，洗劫了港口伊普斯威奇，在马尔顿之战中杀死了贝莱特诺特郡长。贝莱特诺特率领手下英勇战斗，算得上是奥拉夫的对手！但是当地的防卫军是懦夫，他们溃逃了。软弱的英格兰国王埃塞尔雷德不愿冒再次战败的风险，于是用1万磅（约4535千克）白银向奥拉夫换取了和平。现在，奥拉夫的财富和成功足以让他精挑细选麾下的勇士，他正在爱尔兰过冬，打算在明年夏天劫掠英格兰、威尔士和布列塔尼。

奥拉夫比大多数男人更强大机智……他的手下划动他的"长蛇"号的时候，他可以在船外的船桨之间跑动。他可以向空中抛接三把小刀，一把在空中飞，同时用手接住另一把。他可以踩着船舷的边走动。他的两只手用起兵器同样便利，他还能同时投出两支矛。

——斯诺里·斯图鲁松，《奥拉夫·特里格瓦松国王萨迦》

历史上的统帅

"毛裤子"拉格纳

如果被问到谁是最伟大的维京领袖，大多数勇士都会说是拉格纳。但问题是我们很难弄清楚拉格纳的真实身份。拉格纳可能是丹麦国王"指环"西格尔德的儿子，也可能是西格弗雷德的儿子——也就是另一个丹麦国王戈德弗雷德的侄子。戈德弗雷德在查理大帝的时代率领维京人劫掠过几次法兰克人，那属于最早的一批维京劫掠行动。而且据说戈德弗雷德自称是奥丁神的后代。

一个带面罩和锁子面甲的老式头盔。铁匠已经很久不做这样的头盔了，但是拉格纳在准备战斗时应该和这幅图里的样子差不多。

关于拉格纳出身的记载就是这么混乱。丹麦人、挪威人和冰岛人关于他的记载各有不同。可能性最大的就是爱奉承的吟游诗人把两三个维京人的事迹混在一起，创造了一个"超级维京人"。

按照传统说法，拉格纳在很年轻的时候当上了丹麦国王，为保住王位和一堆竞争对手争战。拉格纳不与竞争对手作战的时候，就会去劫掠。劫掠的地点可能是任何地方：波罗的海周围、瑞典、挪威、赫布里底群岛、英格兰、爱尔兰、地中海和法兰克王国，尤其是法兰克王国。法兰克王国的河流对他来说就是快速通道，他的船可以在河里快速行驶，总是赶在法兰克骑兵的前面。845年，拉格纳击败法兰克国王"秃头"查理（查理二世）的军队，洗劫了巴黎，将100多名法兰克俘虏吊死，以表明自己是认真的。他还在基督教的神圣节日复活节这天毁坏了圣日尔曼德佩修道院。在这件事情之后，查理二世只好拿出7000磅（约3135千克）白银来让拉格纳罢手。

拉格纳为了让自己的儿子们听话，选择一直战斗下去，直到年事已高也是如此。这样儿子们就不会觉得自己比老爹强而把他一脚踢开了。

拉格纳有过两三次婚姻。他的第一任妻子是拉斯盖塔，她本来在拉格纳的军队里作战，最后她的长发让人发现她是女人。拉斯盖塔的英勇给拉格纳留下了深刻的印象，因此拉格纳去她的家里求婚。在她的家中，拉格纳遭到了守护着拉斯盖塔的大狗和熊的攻击。拉斯盖塔认为，拉格纳要刺死她的熊，扼死她的狗，才能算配得上她。这似乎惹火了拉格纳，他很快放弃了拉斯盖塔，去追求瑞典公主托雅。拉格纳帮助托雅的父亲杀死了在他的领土上肆虐的两条巨蛇，于是托雅的父亲把托雅交给拉格纳以示感激。拉格纳在和巨蛇战斗时，为了防止被蛇毒伤到，穿了一条满是毛的裤子，因而获得了绰号"毛裤子"。托雅死后，拉格纳娶了最后一任妻子亚丝拉琪，也就是屠龙者西格尔德和情人女武神布伦希尔德的女儿。

这次劫掠前亚丝拉琪警告拉格纳他的船只有问题，但他无视了妻子的警告，结果在英格兰沿海遭遇了海难，其时间应该是在863年左右。之后诺森布里亚人的国王埃勒抓住了拉格纳，把拉格纳扔进满是蛇的坑里。拉格纳被蛇咬死，他在死前警告抓到自己的人说，"如果小猪知道老猪的困境，小猪也会哼哼叫唤"，也就是表示儿子们会为自己报仇。拉格纳死时歌唱着自己的英雄成就，希望女武神能把自己送进瓦尔哈拉殿堂。吟游诗人至今还在吟唱拉格纳死前唱的歌谣。

似乎拉格纳的儿子很多，甚至可以坐满一艘长船，没有人知道确切的人数、他们分别叫什么。但是，根据吟游诗人的说法，他的三个儿子"蛇眼"西格尔德、"无骨者"伊瓦尔和"刚勇者"比约恩报了杀父之仇。他们抓住埃勒，对他进行了"血鹰"仪式（见第8章），以向奥丁神致敬。

吟游诗人可能美化了拉格纳的生平，但他的事迹仍然传达出不少优秀的维京领袖需要具备的品质：非凡的勇气，他敢于冲锋陷阵，这激励了他的部下；他清楚灵活机动的重要性；他在节日期间防备最为松懈之时攻击圣日耳曼德佩修道院，显示了他战术上的狡猾之处；他对囚犯的处决刻意显示了他的冷酷无情，这让他在向一位强大的国王索取金钱时占据了优势。最后，拉格纳死得像一个真真正正的维京战士，这让他的名声千古流传，也给他的家族带来了荣誉。

哈斯泰因

哈斯泰因对所有梦想成为伟大的维京战士的贫穷男孩来说都是一个不错的榜样。哈斯泰因是一个丹麦农民的儿子，他的事迹简单纯粹，就是从事海盗的抢劫活动。他是最伟大的维京人之一。

与同时代的大多数维京领袖不同，哈斯泰因入行的目的是抢劫，而不是土地。他从来没有试图为自己征服一个王国，其实他这样强大的战士如果想做的话，自然可以做到。个中缘由也许是他缺少王室的血统。他差不多一辈子都在从事抢劫活动，前前后后进行了 40 多年。

哈斯泰因 9 世纪 50 年代洗劫了一批法兰克王国的修道院，从此开始了他的海盗生涯。他与"刚勇者"比约恩一同率领 62 艘舰船，在 859—862 年在地中海附近进行了为期两年左右的海盗劫掠，由此成名。有这样一个关于哈斯泰因的故事：在一次行动中，他错把意大利城市卢纳当成了罗马，因为渴望得到罗马的财富，于是决定攻破它。城市的防御工事看起来坚不可摧，所以哈斯泰因决定利用计谋进城——维京人喜欢狡诈的领袖。

哈斯泰因派使者进城，对市民说己方是流亡在外者，只是想

为生病的首领找一些食物，找一个能遮风挡雨的地方。一天后，使者再次进城，告诉市民，首领已经死了，请求市民允许他们进城，好给他们的首领办一个基督徒的葬礼。市民完全相信了，答应了

哈斯泰因得知他刚洗劫的这座城市并不是永恒之城罗马，而是不知名的意大利小镇卢纳之时，他气得眼珠都鼓了出来，可能看起来就像这张图。

54

要求，于是一群维京人跟随着他们首领的棺材走到墓地。到达地点之后，生龙活虎的哈斯泰因全副武装地从棺材里跳出来，杀死了城里的主教。市民还没有摸清头脑，维京人就洗劫了这座城市。

哈斯泰因得知他洗劫的并不是罗马时，感到非常失望，把卢纳城的男人杀得干干净净。报应不爽，哈斯泰因和比约恩在回家的路上经过直布罗陀海峡（维京人称为"纳弗桑德"）的时候遭到摩尔人劫掠，只剩下 20 艘船。

哈斯泰因之后一直在法兰克王国和英格兰从事抢劫活动，熟练地综合使用暴力、威胁和外交手段。他曾给布列塔尼人的公爵当了一年的雇佣兵，对抗法兰克人，然后威胁要在葡萄收获时节大肆抢劫，向公爵敲诈勒索保护费。只需提到要发动劫掠，许多法兰克城市就会乖乖上交保护费。哈斯泰因在卢瓦尔河流域劫掠时遭到法兰克军队围困，他同意离开法兰克王国，但实际上只是换了地方，到了塞纳河流域，再次开始掠夺。有一次，哈斯泰因被威塞克斯王国的阿尔弗雷德困在英格兰，他答应接受洗礼成为基督徒、在收取丹麦金后离开英格兰。但是他很快摒弃了基督教，也没有离开英格兰。

哈斯泰因只遇到过一次像他这样聪明的人，那就是佛兰德斯的圣瓦斯特修道院的院长。哈斯泰因威胁要抢掠修道院的土地，所以院长和哈斯泰因达成了一项协议：只要哈斯泰因不攻击富裕的修道院，他就可以自由地抢劫修道院的贫苦农民。哈斯泰因占到了便宜。他当然不想遵守诺言，但是院长也猜到了这一点。哈斯泰因按照约定抢劫了修道院的农民之后，对修道院发动劫掠，本以为修道院毫无准备，不料院长早就备好了军队等着他，哈斯泰因只能急忙撤退。就算是哈斯泰因也没法聪明一世。

哈斯泰因很会挑选建立基地的地点。9世纪60年代，他占领了卢瓦尔河口的一座岛屿，将这座岛屿当作安全的出发点，去法兰克王国最富裕的一些地方搞劫掠，把大河当成便捷的快速通道。892年，哈斯泰因入侵英格兰，在米尔顿里吉斯建造了一座堡垒，位置在肯特北部的泰晤士河口，谢佩岛的对岸。哈斯泰因的堡垒控制了从伦敦到坎特伯雷的主要道路，如果情况有变，他可以轻松地逃向大海。第二年，肯特的情况变得更加复杂，哈斯泰因乘船渡过泰晤士河，在埃塞克斯的本弗利特建造了一座新的堡垒。

哈斯泰因总是在防御工事中储存大量的东西。他众多堡垒中唯一被敌人占领的堡垒就是本弗利特的这一座，敌人趁他带着主力部队在别处抢劫而占领那里。

哈斯泰因在894年被迫离开英格兰，从此放弃了劫掠活动。当时他已经是一个60多岁的老头了。其中的原因不是哈斯泰因被英格兰军队打得大败，而是威塞克斯国王阿尔弗雷德改革了国家的防御系统，使维京掠夺者最基本的优势——机动性失去了作用。阿尔弗雷德加固了主要城镇的防御，并派兵驻守。他还建立了一支舰队，舰队使用的长船比维京人的长船更大、更有战斗力。他重新组织了地方护卫军，这样他就有了一支可以随时投入战场的军队。892年到达英格兰后，哈斯泰因无论走到哪里都会遭遇阻力，因此他无法自由地掠夺。他很聪明，知道大局已定，于是不再劫掠，金盆洗手。有关哈斯泰因的最后一次记载，就是他作为塞纳河维京人的首领霍尔夫的代表，与法兰克国王"糊涂"查理（查理三世）谈判。

如果法兰克人或英格兰人真的成功杀死了哈斯泰因这样强大的维京人，他们肯定会把这种事大书特书。所以哈斯泰因很可能是寿终正寝了，这对维京领袖来说十分不容易。虽然奥丁神可能更愿意哈斯泰因在战场上战死，但哈斯泰因一生在战斗中为奥丁神斩杀了数不清的人，也足以让奥丁神满意了。

其他出类拔萃的统帅

"血斧"埃里克

多亏了"血斧"这个令人毛骨悚然的绰号，埃里克也成了最著名的维京领袖之一，但他没有传说里的那么强大。他的幸运之处在于拥有埃吉尔·斯卡拉格里姆松这样优秀的吟游诗人，诗人让他的事迹一直流传下去。虽然埃里克是可怕的战士，但他的活动却表明蛮力不能代表一切。埃里克是统一挪威的国王"金发"哈拉尔德的儿子。埃里克第一次参加维京劫掠时只有12岁，这对国王的儿子来说不算年轻。"金发"哈拉尔德死后，埃里克和他的两个兄弟一起统治挪威。接下来他杀了自己的两个兄弟。后来他开始对自己的臣民下手的时候，他的臣民把他赶走，将他温和的弟弟哈康推上王位。

埃里克只好流亡到奥克尼群岛，在不列颠和爱尔兰沿海抢掠。948年，约克的丹麦移民邀请埃里克去当他们的国王。和在挪威的情况一样，埃里克留不住约克居民的心。他还没有把王座捂热就被迫离开，而都柏林的国王奥拉夫·西赫特里克松占据了约克。可是约克的丹麦人也不喜欢奥拉夫，在 952 年又把埃里克找了回来。这次埃里克坚持了两年，然后被赶走，在斯坦莫尔遭到伏击而被杀。埃里克的那首著名的葬礼诗描述了瓦尔哈拉殿堂迎接他，以报偿他那充满暴力的一生时的热闹景象。但不幸的是，埃里克的暴力行为大多针对他的臣民，他也因此失去了臣民的忠诚。

"血斧"埃里克留下的并不全是破坏。在英格兰做约克的国王时，他成为第一批发行自己钱币的维京国王之一。

哈夫丹

哈夫丹和他的两个兄弟伊瓦尔和乌巴是 865 年那支入侵英格兰的丹麦大军最初的领袖，他们征服了东盎格利亚、麦西亚和诺森布里亚这三个王国。据说三兄弟的父亲是"毛裤子"拉格纳。哈夫丹巧妙地利用了英格兰各王国之间的不团结的情况。在东盎格利亚登陆时，他强迫当地人为军队提供马匹。然后他奔向正在打内战的诺森布里亚，迅速占领了其首都约克，并在战斗中杀死了诺森布里亚内战双方的国王。

868年，哈夫丹入侵麦西亚，但他这次误判了政治局势。威塞克斯王国派出军队赶去帮助麦西亚人，丹麦军队退回约克。幸运的是误判仅此一次。当哈夫丹在869年卷土重来征服东盎格利亚的时候，没人前来相助。不幸的东盎格利亚国王艾德蒙后来被用作练习射箭的靶子。870—871年，哈夫丹入侵威塞克斯，被击退。873—874年，他率军入侵麦西亚，麦西亚的首都雷普顿被占领，于是投降。伊瓦尔在雷普顿病逝。

丹麦军队里出现了分裂。很多人想在被征服的土地上安居乐业，还有很多人想继续从事劫掠活动。哈夫丹率领追随者返回约克，并以此为首都，建立了一个王国。哈夫丹的追随者很有头脑，他们定居的地方是英格兰最肥沃的地方之一。然而，即使是这样的成功也无法让哈夫丹一直感到满足，他不久后劫掠了苏格兰和爱尔兰，然后在877年与都柏林维京人战斗时阵亡。

顺便一提，乌巴最后的结局也是阵亡，是在878年的威塞克斯。因为他打了非常多的胜仗，所以变得非常自负，犯了低估敌人的致命错误。乌巴把西撒克逊人的军队围困在没有食物和水的辛维特要塞时，他居然想坐等敌方投降。但是西撒克逊人宁愿战死，也不愿像奴隶一样苟活，他们在拂晓突袭了乌巴军队的营地。乌巴一方毫无防备，共有1200人阵亡，他自己也没能例外。这都是教训啊。

"白色"奥拉夫

奥拉夫的父亲古斯弗里斯是挪威西部一个小地方的国王（也许是赫布里底国王，谁知道是不是呢）。丹麦人在851年占领了挪威人在都柏林的基地，奥拉夫和他的兄弟伊瓦尔在853年再次将丹麦人赶走。奥拉夫是一位真正有建设精神的人，他把都柏林建成了爱尔兰，甚至整个北方最大的奴隶交易中心，甚至有阿拔斯王朝的商人前来购买奴隶。

奥拉夫也是一个优秀的政治家，熟练地利用爱尔兰的各个好斗的国王之间无穷无尽的战争，不断变换盟友，趁机大肆掠夺。但是他有件事做得太过分了。他居然挖开伯因河附近爱尔兰古代国王的坟冢，想寻找宝藏。在那之后，爱尔兰人比以前团结了，奥拉夫则开始穿过爱尔兰海进行劫掠。都柏林的优点在于，如果时机不适合在爱尔兰搞劫掠，去抢掠英格兰、苏格兰和威尔士也只需要坐船走一天。

869年，爱尔兰人试图夺取都柏林，但是奥拉夫击败了他们。为了让爱尔兰人对此事感到后悔，他劫掠了阿尔马的大主教区，在这个过程中有上千人或死或被俘。奥拉夫聪明地选择在爱尔兰最受尊敬的圣徒帕特里克的节日那天发动攻击。圣徒提供的保护也不过如此。

870—871年，奥拉夫围攻布立吞人的斯特拉思克莱德王国的首都邓巴顿，并在4个月后攻下城市。这是非常厉害的成就，因为维京人一般不太擅长打围城战，何况邓巴顿建在悬崖上，易守难攻。奥拉夫得到的回报则是都柏林的奴隶市场上新添了大量俘虏。

我们不知道奥拉夫的结局。有人说他是在劫掠苏格兰人时被杀，还有人说他返回挪威，帮助其父打击僭称王位的人。

"步行者"霍尔夫（法兰克人叫他"罗洛"）

此人非常成功，无论哪里的人都想说他是自己那边的人。根据挪威人和冰岛人的说法，霍尔夫的父亲名叫罗格瓦尔，是挪威的莫尔的雅尔。"金发"哈拉尔德国王驱逐了罗格瓦尔，罗格瓦尔就成了维京人。其他地方的人都说霍尔夫是丹麦人，其父是一个与国王产生争执后遭到流放的贵族。可能两个说法中间有一个是真实的，因为很多维京领袖都是在家乡争权失败后外出流亡的人。根据冰岛人的说法，霍尔夫体重非常重，没有马匹驮得动他，无论到什么地方都得靠步行，所以他获得了"步行者"的绰号。

霍尔夫整个维京人的生涯都在法兰克王国度过，他最终为自己建立了一个国家。由于这块地方被"诺斯人"（北方人）统治，法兰克人现在把这块土地称为"诺曼底"。霍尔夫在876年左右抵达塞纳河，在885—886年参加了对巴黎的围攻，随后洗劫了勃艮第。892年，当维京主力军队离开法兰克王国前往英格兰时，霍尔夫却原地不动。这是一个正确的决定，因为阿尔弗雷德国王当时力量正盛，他给前往英格兰的维京人造成了很大的打击。

霍尔夫逐渐加强了对塞纳河下游地区的控制。911 年，他试图夺取富裕的沙特尔城，却被法兰克军队击败。战斗结束后，法兰克国王"糊涂"查理同意与霍尔夫签订和平条约。霍尔夫之前控制的土地此时得到了确认，他也得到了贵族头衔伯爵。作为回报，霍尔夫答应阻止其他到塞纳河来的维京人，向查理国王宣誓效忠，并皈依了基督教。

有一个说法称，对方给霍尔夫开出的订立条约的条件之一是亲吻查理国王的脚，而霍尔夫反驳道：

"我永远不会向任何人屈膝，也绝不会亲吻任何人的脚。"在法兰克人的祈祷声中，霍尔夫不得已，命令一个兵去亲吻国王的脚。这个兵马上抓住国王的一只脚，往自己的嘴边凑。国王本来站着，却因此仰面摔倒了。人群哄堂大笑，并因此骚动起来。

——圣昆廷的杜多

如果大型的维京远征要成功，船只和马匹的重要性是一样的。

霍尔夫遵守了约定的第一部分：自那以后，再无维京舰队在塞纳河上航行（不过查理国王在922年去世后，霍尔夫夺取了一些法兰克人的土地，因为他认为誓言在新国王那里无效）。霍尔夫没有非常严肃地对待皈依基督教一事，他和许多改信基督教的维京人一样，在崇拜基督的同时还敬拜旧神。霍尔夫去世前不久，斩首了100名基督徒，以向旧神献祭。霍尔夫在928年左右去世，其子"长剑"威廉接手了父亲的土地。霍尔夫一脉世代统治这些地方。

— 4 —

武器和战术

学好如何用盾遮挡自己的身体，这样你就可以在遭遇敌人的时候保护好自己。

——《国王之镜》

× | × | × | × | × | × | × | × | × | ×

最好用的战斗装备十分昂贵。只有有钱的人和自己领主很慷慨的人才用得起宝剑、链甲和铁盔。不过，大多数自由民都至少能置办一支长矛和一面盾牌，这就是你在战场上或在维京劫掠中所需要的全部。你不到一天就能学会用盾牌和长矛作战的基本技

一个来自英格兰的丹麦法区的战士，他装备精良。头盔、盾牌、长矛、剑、斧头和匕首，他的装备可真多。

能，在当地的护卫军集合时还会定期训练。你越优秀，就越有可能被选中参加盛大的劫掠活动，所以请坚持训练吧！

武器清单

基本武器   **进阶武器（价格从低到高）**

· 长矛   · 战斧

· 盾牌   · 剑

                           · 链甲

                           · 铁盔

矛

    格雷蒂尔双手握矛，刺穿了正要下台阶的索瑞尔的身体。矛刃长而宽。"恶人"奥格蒙德正好紧跟着索瑞尔，推着索瑞尔向前走，所以……两人被同一根矛刺穿了身体，倒了下去。

——《"强者"格雷蒂尔萨迦》

每个年轻的战士都梦想拥有一把剑，但最开始你很可能只会有一支矛，而且许多战士永远也只有这么一支矛。矛分为刺矛和投矛（即标枪）。这两种矛的作用都是从较远距离攻击敌人，毕竟其攻击距离比刀剑和斧头的攻击距离更长。矛杆由梣木制成（因此英格兰人有时称维京人为"梣树人"［Ashman］），长约1.8—2.4米。矛尖则是嵌入木杆的叶状铁刃。

一些长矛，特别是从法兰克王国进口的长矛，在矛头的根部有向两边延展的翼状部分，这种设计可以防止长矛卡在敌人体内——你肯定不愿意就此把矛丢掉吧！投矛被设计成在击中目标或地面后矛尖会变弯，这是为了避免投矛被敌人回收利用，再投掷回来。谁愿意被自己的长矛给戳死呢？投矛的另一个优点是人很难把它从盾上拔出来。长矛扎在盾牌上，盾牌会因此变重，难

奥丁神的选择

矛是战争之神奥丁选择的武器。奥丁的矛冈格尼尔由矮人制造。不管投掷者的力量和能力如何，冈格尼尔必定可以击中目标。在终末之战"诸神黄昏"中，奥丁将使用冈格尼尔杀死巨狼芬里尔。

奥丁神骑着坐骑、手持冈格尼尔外出，出去制造一些麻烦。

些矛头，包括一些精致的法兰克式
带翼投矛。矛的铁翼可以防止矛刺入
敌人体内太深而卡住。

以使用。还有一种办法可以防止长矛被扔回来，那就是去掉固定
矛头和矛柄的钉子（最好在战斗开始前完成）。这样一来，只要有
人想把矛从地上拔出来，矛的头和柄就会分开。

剑

雷金造好了一把剑。他让西格尔德拿起剑，说这把
剑不会用坏，否则他就算不上是好剑匠。西格尔德拿剑
挥向铁砧，把铁砧劈成了两半。剑锋完好无损。

——《伏尔松格萨迦》

剑是最高级的武器，也是最昂贵的。因为置办一把剑非常花钱，所以战士得到一把剑之后地位可以迅速得到提升。最好的剑可能代表了一位铁匠一年多的工作成果，所以它的价格居高不下也就很好理解了。如果你是一个新手，你可能自己买不起一把剑，但你一定希望你的首领会因为优秀的服务而赏赐给你一把。

挑选好剑

先看剑刃。剑刃应该有66—81厘米长，更长的话用起来很费力。剑刃更短的剑适合缺乏使用经验的人，因为它更轻，用起来更

▼ 这是好剑的标志。图中剑刃上复杂的人字形花纹显示剑匠花费了大量精力来用花纹锻造法制剑，同时赋予了强度和灵活性。

▶ 剑没有确切的长度。短剑用起来更快、更轻松，长剑用起来更慢，但造成的伤害更重。请根据自己的力量和熟练度选择合适的剑。

69

方便。剑刃中间有一道槽，即"剑槽"。剑槽有助于减轻剑刃的重量，让它用起来更加灵活。请仔细观察剑刃上有无坑洞或锈迹，如果有，说明剑刃使用的铁纯度不高。如果旧剑的剑刃上有人字

一些名剑及其主人

斯克夫尼之剑（Skofnung） 数百年前为丹麦国王赫罗尔夫·克拉奇所有。30年前，冰岛人斯科基在罗斯基勒挖开了赫罗尔夫国王的墓，得到了这把剑。他发现这把剑的保存状况十分完好，涂了油的剑鞘起到了很好的保护作用。现在这把剑由斯科基的儿子艾德所有。这把剑上附着国王的12个狂战士侍从的灵魂。

斩磨之剑（Quernbiter） 众所周知，这是奥拉夫·特里格瓦松的剑。因为此剑能砍断石磨，故而得名（别拿你家里的石磨开玩笑）。

格拉姆之剑（Gram） 由传说中的铁匠沃伦打造，后来由奥丁神送给西格蒙德，西格蒙德是伟大的屠龙者——伏尔松格的西格尔德的父亲。西格蒙德用剑击打奥丁神的矛时，剑折断了。矮人雷金为西格尔德修复了这把剑，后来西格尔德用它杀死了巨龙法弗尼尔。

图中的木雕展示了雷金修复后的格拉姆之剑——好让英雄西格尔德用它来杀死巨龙法弗尼尔。

宝剑的个人化改造

如果想取得胜利，你必须把胜利的如尼文语句，

刻在你的剑柄之上，

剑鞘之上，护手之上，

并向战神提尔祈求两次。

——《希格德莉法之歌》

· 在剑刃上装饰守护性的如尼文语句。

· 在剑柄之中嵌入一块治愈石。这把剑造成的伤口永远不会愈合，除非伤口触碰这块治愈石。

· 给剑柄和鞘用鎏金的铜做装饰。如果你有钱，可以直接用金或银做装饰。

· 给好剑取名字可以增加它的名声，还有你自己的名声。

· 警告：用象牙或贵重金属制成的剑柄要比涂了焦油的麻绳剑柄更好看，但是如果你拿着前一种剑参加战斗，手心出汗后容易拿不住剑柄。

形花纹，说明这是把好剑。这种花纹和打造剑的方式有关。

在以前，打造一把好剑非常费力。由于缺乏优质的铁，所以铁匠用"花纹锻造法"制作剑。这种方法将数根质量不相同的铁条放在一起，通过反复加热、拉伸、扭曲、折叠和锤击将铁条整合成一体，再将杂质敲打出来。用这种方法造好的剑，如果把剑刃擦亮，就能看到清晰的人字形图案。注意，花纹越复杂，工匠投入的精力就越多，剑的质量一般也会更好。铁匠经常用醋处理剑身，以使花纹显得更清晰，看起来质量更好。现在还有很多这

剑柄的作用不只是让人抓握，还有助于平衡剑刃的重量，它的外形可以做得很好看。

样的好剑在被人使用，还受到人的高度好评。

如今，冶炼方法的改进使得更多地方能用到高质量的钢铁。现在的剑刃制法如下：铁匠用钢锤将薄薄的硬钢击打到剑身上，形成锋利的剑刃。这些剑可能缺少旧式的花纹锻造法做出来的剑那样的神秘感，但是同样锋利，价格也更实惠。

制作剑刃的最后一步是淬火。铁匠先把剑加热，再迅速浸入液体（如尿液或血液）中加以冷却。这样做出来的剑更加坚韧。剑可以通过吸取生命来获得力量，据说淬火的最好方法就是把剑刺入一个活生生的奴隶的身体里。除非你真的亲眼所见，否则你就只能接受卖家的这套说辞，毕竟你只用眼睛看是看不出区别的。

剑柄可不单单是把手而已，而是剑必不可少的一部分。护手在战斗中保护你的手，剑柄的圆头可以防止剑从手中滑落。剑柄

铁匠的工具盒。铁匠只是工匠，却应该得到战士般的尊敬。
没有他们，我们能走多远呢？

有助于让剑的重量达到平衡。一把好剑应该在护手那里实现平衡。
使用时的平衡感是个人喜好的问题，但把剑平衡好非常关键。一
把平衡的剑会让你感觉更轻、更顺手，一把不平衡的剑会让你的
手臂在战斗中迅速变得劳累。剑柄外面应该包着涂了焦油的麻绳，
以防在战斗中因汗水而变滑。

　　剑不用时应该放在剑鞘中。剑鞘里有绵羊皮做衬里。羊毛中
的天然油脂可以使剑刃保持清洁，不生锈。你可以按照个人喜好
把剑佩带在肩带或者腰带上。如果剑鞘竖直悬挂，可能会在战斗
中碰到大腿，给你带来不便。而差不多横着悬挂剑鞘就不会带来
这样的麻烦。

许多战士都会随身携带磨刀石，以便在情况紧急时磨剑。但是一般来说，磨剑的事最好留给铁匠来做。不专业的人经常把剑身受损部位磨得更厉害，比如说，磨过头了，反而把凹口磨得更大。坏掉的剑通常可以交给铁匠修复，或者废物利用，用来造高质量的矛头。

进口剑

不是只有维京人中间才有好铁匠。英格兰人和摩尔人都能造出性能极佳的剑，但最好的剑出自法兰克人之手。顶尖的法兰克工坊会把店铺老板的名字刻在剑上，以宣传自家工坊的手艺。如果剑身写着"乌尔夫伯特"（Ulfberht），懂行的人就知道剑的主人是有钱人。

不过请小心，狡猾的武器贩子知道乌尔夫伯特剑非常受人喜欢，而且市场上有不少假货卖给那些想提高自己地位又囊中羞涩的维京人。可能有很多拿着假货的人误以为自己可以在战场上以

极品的标志。法兰克人的乌尔夫伯特剑是最好的剑，但要当心假货。真货上的文字镶嵌在花纹锻造法制成的铁上面，如果文字是银做的，那就是假货。

◀及▲ 扬帆行驶的德拉卡尔船是最壮观的。它代表了所有者的财富与权力，是维京世界的最高地位象征，专为雅尔和国王所使用。

◀ 科纳尔船，一种结实耐用、适合航海的远途商船。你有机会在这种船上面找到以下好东西：君士坦丁堡的丝绸、加尔德里基的毛皮、白海的海象牙。

▶ 拜尔定船，一种沿海岸行驶的小商船。富有的农夫将农地的产品运往市场就是用的这种船，如果你缺少食物供给，可以试着攻击一艘。

▼ 扬帆的斯奈克船。这种船很快，易于操作，而且满载时吃水深度只有二三十厘米，非常适合小型掠夺群体用来实施碰运气的"海猪战术"。打完就跑啊！

▲ 维京人的圆盾能很好地保护躯干，但是头和小腿暴露在外。图上右边这位要被砍到大腿了，他一旦中招，接下来就可能丧命。

▲ 你可以在盾牌后面藏一把武器，然后用它出其不意地攻击敌人。

▶ 战士用剑的柄头拉开敌人的盾，接下来就能对缺少保护的敌人完成连续攻击。

▲ 阔斧的这一击可以测试盾牌是否结实。

▼ 这位矛兵要有麻烦了。用剑的这位用盾牌支开了攻来的矛，越过矛尖，可以直接砍向没有防护的矛兵。

◀ 两种维京战斧，左边的是单手的手斧，右边的是双手的阔斧。阔斧的斧柄是手斧的两倍长。

▲ 阔斧有一个缺点，那就是你不能同时使用盾牌。不过你也不是完全没有防护，因为你可以像图中的战士一样，用斧柄来招架攻击。

▼ 斧头在劈砍之外还有其他用途。你可以用斧刃上的"钩子"来拉开敌人的盾牌（左图），或钩敌人的脚踝以让他摔倒（右图）。

▶ 现在的维京人最喜欢戴这种带护鼻的法兰克式铁头盔——只要买得起。

▼ 链甲的下摆可以保护大腿，长袖子可以保护大部分手臂。如果绑上腰带，可以将链甲的一部分重量从双肩转移到臀部。

▲ 别忘了带上一个上好皮革做的水壶。口渴的人可无法好好战斗。

一当十，而假货往往断了或者弯折了，害他丢了性命。如果剑身的"乌尔夫伯特"字样是银的，那就是假货，真货上的是一块花纹锻造法制成的铁，由铁匠锤打到剑身上。

因为铁匠不再生产乌尔夫伯特剑，所以现在已经很难弄到它了。不过你可以买到新的英格尔利剑，它产自莱茵兰，质量非常好。而摩尔人的剑在气候温暖的西班牙制成，在北方的寒冷冬季会变脆，甚至断掉。

斧

> 奥尔弗举起斧子，用斧头最锋利的地方向身后挥去，砍到身后那人的脖颈，此人喉咙和腭骨都被切断，倒地死了。奥尔弗再把斧子向前扔了出去，击中了另一个人的脑袋，一直劈到肩膀处。
>
> ——《"盲人"马格努斯和哈拉尔德·吉尔萨迦》

外国人一提到维京人就容易想到战斧。斧头就是穷人的宝剑。斧头是一种非常有效的劈砍武器，比剑更容易打造，也便宜得多，因为斧头需要的铁要少得多。战斧的设计不同于樵夫或木匠的斧子，战斧的斧刃更宽、弧度更大。可别买成了别的斧子！因为战斧有这样的形状，所以它不仅可以用来劈砍，还可以用来

双手挥舞阔斧的战士可以让敌人在 6 英尺半径的范围之内无法近身。

一些上好的阔斧。由于阔斧的刃向两边展开，所以它们除了可以用来劈砍，也可以用来刺击。

刺，还可以在需要对付敌人的盾牌时当成钩子来使用。

常见的战斧有两种。一种是轻型手斧，适合单手握持，用于近身作战。它的优势在于很容易藏在盾牌后或斗篷下，可以出其不意地拿出攻击敌人。另一种是重型阔斧，需要双手握持。重型阔斧杀伤力十足，足以让人满意，但是需要更多的空间来挥舞，所以在盾墙阵型中的使用效果不佳。如果你周围有挥舞阔斧的空间，那么敌人就无法近身到 6 英尺（约 1.82 米）之内。不管身上穿着多么精良的盔甲，人要有勇气才敢去迎战挥舞阔斧的人。阔斧可以轻而易举地击倒骑在马上的人。

阔斧有一个缺点：你用阔斧的时候无法同时拿盾牌来保护自己。战士用阔斧的时候经常把盾牌背在肩膀上，这样至少能保护

或许可以说斧子是穷人的宝剑，但是有钱的战士也可能欣赏斧子的品质，图中手斧刀刃上昂贵的银嵌图案就是证据。

背部。所有斧头都有一个共同的缺点，那就是切口太短，难以在劈开盾牌的同时攻击盾牌后面的人，而用剑就可以。从斧子头部的楔形横截面我们也可以看出，斧头造成的伤口不及剑刃的深。孔武有力的剑士可以把敌人从头到脚劈成两半，而用斧子的话可能顶多从头劈到脖子——但是这已经足以让对手感到恐惧了。斧头的另一个缺点是斧柄可能在战斗中被劈断，你可以试着在斧柄上绑一根铁条以避免出现这种情况。

砍刀

用小刀的人，手臂也得长得长。

——《武器峡湾萨迦》

因为剑更容易获取，所以砍刀没那么流行。砍刀是一种又长又重的单刃武器，用于宰杀牲畜和近身战斗，很适合用来开膛破肚。砍刀之间的尺寸和质量各不相同。有的砍刀的刀身以花纹锻造法制成，但大多数砍刀都只是卖给买不起剑的贫穷战士的廉价替代品。

一把高质量的英格兰砍刀。它的主人比诺思很喜欢它，还用如尼文把自己的名字刻在了它身上。

弓 箭

> 短弓射得更快。
>
> ——古老的丹麦谚语

虽然吟游诗人很少歌颂弓箭手，但弓箭在熟练弓箭手手里却是一种致命的武器。弓箭在以下场景中很实用：围城战，海战中难以接近敌舰船舷的时候，还有战斗早期阶段两军盾墙相接之前。你还能用弓箭弄到食材（难不成你想用剑来打下野鸟？）。弓有长弓和短弓之分，长弓射程更远、杀伤力更大，但短弓在小规模冲突中使用更方便。

长弓和短弓均用一根干燥的紫杉木制成。理想的制弓材料是从树的半径上截出的木材，这样的木材有三分之二的边材和三分之一的心材，心材部分形成弓的前部。这样制成的弓既有极佳的弹性，又有很强的杀伤力。

·**小提示：** 心材的颜色明显比边材深，所以很容易看出一把弓的制弓方法合适与否。

雨水是弓箭手的大敌。弓弦必须保存在防水的袋子里，潮湿的弓弦会变得松弛。箭筒中一般装大约 40 支箭。带倒钩的箭头可以造成最严重的伤害，也最难从伤口上拔掉，但较窄的叶形箭头更容易穿透盾牌和链甲。你最好把这两种箭都带上。弓很便宜，却不容易使用。作为一个新手，你可能会发现自己甚至拉不开一张弓。在理想状态下，射箭应该从小开始训练，这样能训练出最佳的上肢力量。芬兰人就是这样做的。

在一场战斗的初期阶段，弓箭手用短弓打乱敌人的阵形。往高处射箭，可以击中那些头上没有防护的敌人。

盾　牌

　　盾牌是战场上最便宜又最有用的东西。如果盾牌用得恰到好处，链甲都会成为多余。盾牌是消耗品，因为就是用来挨砍的，所以不必觉得可惜。一个要上战场的战士至少需要准备两三块盾牌。传统的维京盾是圆形的，直径约 0.9 米，表面平坦。盾牌的中间有一个铁制的凸起，用来保护手。

　　为了有效抵挡攻击，你最好把盾牌拿得离身体远一些，并稍稍向前倾斜。别忘了，盾牌除了可以拿来防守，还可以用来进攻。盾牌上的铁凸起就像铁指虎，你可以用它在肉搏战中狠狠击打敌人的脸。你还可以用盾牌的边缘钩住敌人的盾牌，将其拉开，露出盾后面的敌人，从而在盾墙上撬开一个口子。

怎么确保你拥有最好的盾牌：

- 椴木是制作盾牌的最佳材料。盾牌边缘包上生牛皮能够增加其强度。更贵的盾牌会整个包上皮革，有些甚至钉了铁边。用包皮革的盾牌其实很划算，因为它们在战斗中比不包皮革的木盾更耐用。

- 在盾牌上画图案并不会让它变得更坚硬，但可以让使用者看上去更勇猛，可以起到威慑敌人的作用。一面独特的盾牌可以让使用者很容易在战场上被人认出来，这对提高他的英雄功绩十分有益。所以请好好设计你的盾牌，吟游诗人甚至可能会为了向你表达敬意而创作一首盾牌诗。恶龙图案已经过时了，你可以试着画上故事中的画面，比如古代英雄的著名事迹。

· 不要为了赶时髦而去买法兰克人的鸢形盾牌，它们是专门为骑兵设计的，在步行作战的时候不会比传统的圆形盾牌更便利，防护性也不如传统盾牌。

用盾牌的时候最糟糕的情况就是有矛卡在盾牌上——这会让盾牌变得非常笨重。如果你不能迅速把矛拔出来，最好把盾牌扔掉，但你会失去你的第一道（也许也是唯一一道）防护。

如果你因为各种原因丢掉了盾牌，那可以用斗篷在持盾的手臂上多包几层，这样可以起到一些防护作用。

只有有钱人才会拥有这么多的武器装备：一个精致的铁盔，一个上好的宽盾牌，还有几把剑、矛和斧头。

链 甲

链甲也叫布尔尼（byrnie），十分昂贵，但非常有用，可以保护你的手脚不被斩断。链甲由锻铁细环制成，铁环之间用锤击接拢或用铆钉固定。做一件链甲需要2万—3万个铁环，所以这是一笔相当大的投资。

链甲的使用寿命很长（有时可以用几代人），破损的部位可以由熟练的铁匠修补，这不会花太大力气。所以有权力的人往往在军械库中有很多件链甲，它们当然都是非常令人羡慕的战利品，也是战场上最先从阵亡者尸体上扒下来的东西。请仔细检查你的链甲，确保破损的地方都修补好了。如果是一件旧的链甲，还要特别确认铁环是不是太细了——太细的铁环起不到防

这件链甲肯定经历过一场硬仗，需要让熟练的铁匠来修。修好后，它会和之前一样耐用。这件链甲遭到的攻击，对没有防护的人来说肯定承受不了。

护作用。

　　至于链甲的长度，下摆至少得盖住腹股沟，袖子需要能盖住上臂。比较新的链甲往往比旧的更长，能够盖住大腿。为了让自己受到的伤害最小，链甲里面最好穿一件加了衬垫的衣服，这样可以减少一些攻击的冲击力，保护骨头不被打碎。但别忘了，尽管链甲能减少劈砍带来的伤害，在弓箭或瞄得准的长矛面前却很脆弱。

　　链甲非常重，每件的重量在 12 千克以上。尽管如此，它的延展性却很好，穿起来也很舒服（在大热天除外）。链甲的重量主要由双肩承受。如果在链甲上系紧一根腰带，可以减轻肩膀上的负担，把一些重量转移到髋部。

如何保养链甲：

· 破损的链甲在得到合适的修理之后会像以前一样牢固。

· 锻铁不容易生锈，但仍然和其他铁制物品一样需要防潮。

千万别不管受潮的状况，等到下一次快打仗的时候才想起来。

· 链甲很容易清洁。你只要把它放进一桶沙子里就可以去除锈迹。或者，你还可以在涂上油脂之后穿戴它——铁环之间的相互摩擦可以把锈迹弄掉。

头　盔

铁制头盔和链甲一样，也非常昂贵。大多数战士上战场的时候头上往往只有一顶皮帽，或者干脆什么都没有。如今的头盔一般是简单的圆锥形的，有的用一整块铁片制成，但更常见的是用铆钉把几块较小的铁片接在一起而制成的。质量更好的头盔会有一个铁制的护鼻，有一面护面甲（锁子制成的帘子）接在头盔的面部，用来护颈。

头盔内部必须垫好衬垫，以缓冲攻击的冲击力（没有衬垫的头盔简直是头骨粉碎机）。但是衬垫不能塞得让你感觉太紧。有一些老式头盔会有护颊。护颊确实可以保护面部，但也会让人感到不舒服，妨碍人听声音——这在战斗中可能是一个缺点。还有一些旧式头盔的特点是有面罩，面罩上有露眼睛的洞。这种设计能让你看起来很可怕，也含有保护脸部的意图，但是在实际中，敌人会看着洞往里面刺，这可不会是你想要的。

带有面罩的铁头盔。这种面罩会使人看起来很凶狠，但是敌人可以照着眼罩上的洞刺入眼睛。出于这个原因，这类头盔现在非常少见——简单的护鼻要有用得多。

头盔重量大约为 2 千克，而且戴着很舒服。如果你足够幸运，拥有一个头盔，那么走在敌对领土上时最好一直戴着，而不是快要战斗了才戴。

弱　点

头盔、链甲和盾牌在战场上提供了较好的防护，但不要认为这样你就不会受伤。你的脸，尤其是眼睛，还有下臂、手、腿和脚，全都暴露在外面。你的敌人对此非常清楚。腿部受伤最为致命：你一旦倒在地上，无论你的盔甲有多好，你都可能被迅速刺死。

全副武装的战士在盾墙中有明显的优势，但在小规模冲突中，不穿戴盔甲的战士却更轻快、更敏捷，所以两者各有长短。

战 阵

维京人不喜欢复杂的阵型调动，我们的大多数对手也不喜欢。我们只使用一种基本的阵型，那就是盾墙。只需略加训练，就算是新手也能轻易掌握盾墙的诀窍。你很快就能够学会。尽管维京人非常重视个人的英雄行为，但优秀的战士都明白，不能因为渴望个人的声名和荣誉而危及整支军队的成功。维系战阵需要自律与团队合作。

盾墙　顾名思义，就是用盾牌排成墙。战士们彼此挨着，排成一行，两人之间的距离小到盾牌稍稍重叠的程度，形成一堵连续的墙壁，但间距又不至于妨碍移动和使用武器。理想的盾墙应该有4排。在战斗中，后方战士可以向前排移动，补充阵亡的人，还可以在双方盾墙相接的时候增加向前冲的重量。指挥官本人在盾墙第一排的中间，军旗手与他在一处。盾墙可用来防御，也可以用来进攻。攻击敌人的盾墙时，请尽量保持紧凑的阵形，用盾墙的推进来瓦解敌人。

楔形阵　楔形阵由奥丁神发明。为了打破敌人的盾墙，战士结成楔形阵，把力量集中到一点上。战阵左侧的战士由自己的盾牌提供防护，但右侧的战士的身侧缺少防护（一般来说战士不会用右手持盾牌，因为这意味着要用不太习惯的左手来用剑、矛或斧

身穿链甲的战士列阵抵挡攻击。战士高举长矛，避免在攻击敌人时暴露自己的身体。

头）。所以你最好站在左边。在快要撞上盾墙的时候，请把所有投矛都扔向想要突破的那个地方，再用刺矛继续向前突进。要在激战正酣的时候结成楔形阵十分困难，其实楔形阵在实战当中很少使用。对抗楔形阵的方法是形成弧形阵或倒"V"形阵，这样可以在战阵相接的时候包围敌阵的后方。

盾牌堡垒 在这种阵型中，一小群战士用盾牌来围成一个"堡垒"，抵挡来自四面八方的攻击和投射武器。如果你在阵型边缘，那么你用盾牌的方式和在盾墙里是一样的。但是如果你在阵型中间，你要把盾牌举到头顶上，跟其他盾牌一起形成一个"屋顶"。盾牌堡垒在战场上不是很实用，因为很难在行进时保持阵型。但是它在攻击堡垒或城市的城门或城墙时十分管用。

— 5 —

向大海出发

你在海上必须保持警觉和无畏……让你的船充满
吸引力，有能力的人才会加入你，船上才会有人手。

——《国王之镜》

× | × | × | × | × | × | × | × | × | × | ×

如果你想成为一名维京战士，你不仅需要会战斗，还需要会航海。斯堪的纳维亚四周几乎全是海，所以出去劫掠的人必须要有船只和驾驶船的技能。造船和航海都是专门的技艺，需要多年的经验积累才能胜任，不过所有维京战士都要会划船，会在必要的时候操帆，再就是要会在海上作战，就像在陆地上作战一样。如果你希望自己能在未来带领维京人去劫掠，那你就要学习一些导航和海洋的知识。即使你不愿意学，你也需要知道怎样才能让自己和装备不被海水打湿，知道怎样准备战斗用的船只。

船只不仅是运输工具，还是能让我们抢先敌人一步的有力武器。船只使掠夺者可以趁其不备地攻击几乎所有沿海地区，经由能通航的河流迅速深入内陆。在海上行进有风险，但是速度远远

一艘长船正张帆航行，风和日丽，大家看上去很开心、很放松。但是情况并不总是如此，大海也可以成为维京人最危险的敌人。

超过在陆地上行进。在海上航行，平均一天能走 265 千米——你可以试试骑马跑一天能不能跑这么远！如果侵袭的维京人在登陆地点遭遇抵抗，他们可以坐船离开，到陆上的守军追不上他们的地方再登陆。

船　只

　　[克努特大王] 有一艘巨大的龙船，船上有 60 张桨手的长椅。船首像遍体鎏金……船帆上有蓝色、红色和绿色的条纹，船体吃水线以上的部分画满了图案。

——《圣奥拉夫萨迦》

在任何一个斯堪的纳维亚的港口或贸易点，你都可以看到各式各样、大大小小的船只。有的停泊在码头里，有的向海岸驶来。小的有搭载2—4名桨手的小渔船，以及纤细的拜尔定船（byrding，一种沿海行驶的货船），大的有船身很宽的科纳尔船（knarr，一种远途商船）和造型优美的长船。

长船是战斗中用得最多的一种船，主要分为两类：斯奈克船（snekke），即蛇船；德拉卡尔船（drakkar），即龙船。如果你是在沿海地区长大的，你肯定自小时候起就很熟悉斯奈克船，因为当地首领进行私掠和当地发动防卫战时用的就是这一种船。斯奈克船又长又窄，长度有17—21米，桨手有24—36名。

斯奈克船是进行"海猪战术"（strandhogg，见第8章）和其他小规模、"打完就跑"式的劫掠的理想船只。斯奈克船那长而窄的船体让它可以在船帆或桨的驱动下快速行进。它满载时的吃水深度只有大约半米，所以可以在离岸很近的地方行驶，甚至在小溪里也不会搁浅。各地的护卫军使用的斯奈克船非常简陋。当地农民必须向他们的首领或国王提供造船材料，这是他们义务的一部分。但他们通常会提供他们能得到的最便宜的木材，包括从旧船船身取下来的二手木材。

德拉卡尔船不仅仅是战舰和运输船，也象征着权威和财富。它是一种巨型的长船，十分昂贵，只有雅尔和国王才用得起。为了给人留下华丽壮美的印象，德拉卡尔船不惜重金配备雕饰精美的船头、涂有亮漆的船身、鎏金的风向标、五颜六色的船帆，还

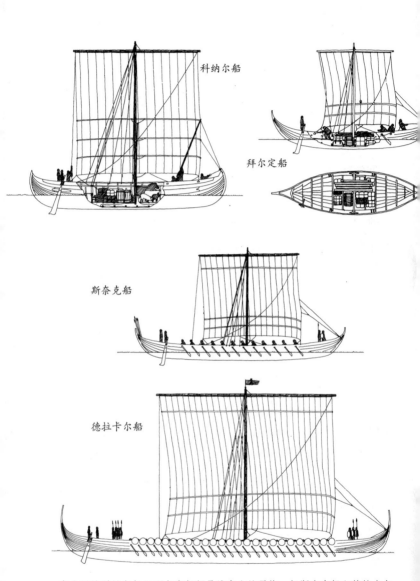

科纳尔船

拜尔定船

斯奈克船

德拉卡尔船

商人用的科纳尔船和拜尔定船都是维京人的猎物，但斯奈克船和德拉卡尔船上面装的都是维京战士，所以你在知道对面船上的人都是谁之前，最好先把它看成潜在的敌船。

▶ 桅杆顶上的鎏金风向标。它可以为船体的装饰起到画龙点睛的作用，还能指明风向。但如果你买不起，也不要感到绝望，一面旗子也可以起到同样的作用，而花销只有风向标的一点点。

▼ 和其他所有昂贵的东西一样，船只也是地位的象征。国王和雅尔喜欢给自己的船加上奢华的装饰品，这样就没有人会把他们的船错认成普通的战船。

有带刺绣的旗帜。德拉卡尔船有 30—36 米长，比斯奈克船高出许多。德拉卡尔船配备有 60—80 名桨手。由于其体型庞大，所以可以在短途航行中装载多达 500 名战士。

这也就意味着，1 艘德拉卡尔船可以在海战中轻松对付 6 艘斯奈克船。德拉卡尔船尺寸庞大，因此在战斗中行驶得比斯奈克船更加平稳，尤其是在波涛汹涌的海上。即使在恶劣的环境中航行，它也不会有倾覆的风险。因为德拉卡尔船的吃水线更深，所以不适合用于"海猪战术"。不过，拥有德拉卡尔船的人可不会只想将几头牛、几个农民卖到奴隶市场这么简单的事，他们追求更大的回报。

第三种船是卡夫船（karve），可以用于劫掠、旅行或贸易。卡夫船配置有30—36名桨手，长度和斯奈克船相当，但船身更宽，更像是商船，而不像长船。卡夫船比斯奈克船更适合用于航海，可以容纳的人数是长度相当的斯奈克船的两倍，但无论是靠桨还是靠帆，其速度都比不上斯奈克船。卡夫船主要由挪威人和罗斯人（罗斯人称它为"科拉比斯船"［korabis］）使用，因为罗斯人做贸易的时候需要船上有很多人手，这样才能完成搬运工作（见下文），才能抵御敌人的伏击。

指挥官

舵手是船只的指挥官。担任舵手的人一般是这艘船的所有者，而不是最有经验的水手。作为舵手，他会把日常事务委托给一位船长，船长通常是拥有丰富航海和导航知识的人。长船准备发动远征时，船长可能是船上唯一一位专业水手。如果当地的首领拥有一艘船，是船上的舵手，那么他的船员就是麾下的战士。

· **小提示：** *你要找的船，最好它的船长非常了解劫掠船所经海域的海况。*

一位舵手站在长船的尾部，船员正在调整帆索。驾驶船舶需要大家齐心协力。

船上生活

> 我在海上有过内心深受煎熬的时刻，那时我的身体随船一起漂浮，汹涌的海浪让我恐惧……我的脚被严寒紧紧地捏住，被霜雪的锁链牢牢束缚着，而焦虑在我心头喘着热气。我对大海感到厌倦，心头的饥饿似乎要把我撕裂。
>
> ——《海员》

在晴朗的夏天，伴着微风航行是一种享受，令人向往。就像吟游诗人描述的那样，船像"大海的牡马"一样在"鲸路"上疾驰。每个人都充满了信心，期待着一次成功的突袭，期待满载战利品荣归家乡。船只经常停泊在避风的港湾或小岛上。如果附近是敌方的领土，为了确保人身安全，每个人都会睡在甲板上的棚子下面，这种棚子可以拉起来覆盖甲板，用以防护。这样一来船员不会睡得太舒服。载满船员的长船上会十分拥挤，你得在满是储物箱、木桶等乱七八糟的东西中间找一块空地来睡觉。许多船上都有小炉子，所以有时候可以吃上热粥，否则，在海上就只能吃面包、黄油和腌鱼。你在出海前的最后一顿一定要吃些最爱吃的，因为要到很久之后才能吃到好东西！

◀ 一个典型的简易维京锚：由分叉的树枝将一块岩石固定在木质锚爪上。锚爪能掘进海床，紧紧地拴住船只。

▼ 在航行的路上，船就是你的家，所以你得带上全套的家用工具，比如大小水桶、水瓢、搅拌槽、砧板、菜刀等物件。

天气不好的时候航行就完全是另一回事了。维京船完全无法遮风挡雨，何况在海上天气不好的时候想在甲板上立起一个篷子是根本不可能的。篷子会把风兜进来，让船只难以驾驶。所以只要恶劣的天气一直持续，你就得忍受湿冷的天气。火也没办法点燃，所以如果你想吃点热的来暖暖肚子，就只能忍着。如果你是一个没有经验的水手，你就不会为寒冷、潮湿或没有热东西吃而烦恼了——你会晕船晕到不知道自己是死了还是活着。在夏天，以上这些只是会让你感到痛苦，但是在冬天，这些很可能让你迅速丢了小命。

· **小提示：** 海水腐蚀铁的速度比雨水更快。在准备航行的时候，你最好把所有的武器和盔甲都涂上油脂，再装进防水的海豹皮包，放到储物箱里。确保武器放在最外面，毕竟现在到处都是海盗，你永远不知道什么时候用得上这些武器。储物箱也就是你划船的时候坐的凳子。

导　航

导航可不是一门精确的技艺，即使是经验丰富的海员也可能在海上"迷失方向"（hafvilla）。如果船只在能见度很低的情况下长时间处于无风环境中，就可能不知不觉地偏离航线，出现迷失方向的情况。

在条件允许的情况下，船长只需要沿海岸航行，与海岸保持安全距离以避开浅滩和暗礁，依靠岸上的地标辨别位置。如有可能，最好不要一整晚都在看不到海岸的地方航行。情况良好的话，从丹麦穿越北海到英格兰只需要两三天的时间，但在实际中很难做到。丹麦的劫掠舰队聚集在日德兰半岛以北的利姆海峡，从这里进入北海，沿着日德兰半岛、德意志、弗里西亚和佛兰德斯的海岸向南，进入狭窄的海域，然后渡过英吉利海峡到达肯特的外海，沿着英格兰的海岸向西或向北走，抵达预定的目的地。在波罗的海，你无须在看不见岛屿的地方航行。

导航工具

太阳石　一种在冰岛和挪威发现的透明水晶。即使天空完全被云朵遮盖，太阳石也能指出太阳的位置。导航的人可以透过太阳石观察天空，在正好望向太阳的时候，太阳石中的光线会发生变化。尽管它很有名，却很难找到真正使用过它的人。

测深绳　一种拴着铅坠的绳索，可以把它从船上丢进海里测量海水深度。这本来是英格兰人的做法，但逐渐被维京人采用，尤其是在波罗的海航行的时候。英格兰人喜欢在沿海岸航行的时候保持船只的龙骨之下有18米的水深。

夜间沿海岸航行时需要多多留心，因为有搁浅的危险。最好在夜幕降临之前找一个避风的锚地，第二天早晨再继续航行。只有挪威人会定期远洋航行，他们直接穿过北海到达奥克尼群岛、设得兰群岛，再到达赫布里底群岛、苏格兰、爱尔兰和英格兰西部。挪威人还会在大西洋（维京人称为"西海"）之上进行漫长而危险的航行，前往维京人在法罗群岛和冰岛的定居点。从挪威航行到冰岛大约需要三周的时间，几乎全程都看不到岛屿。除非你真的住在冰岛，否则没有什么理由让一个勇士去冒险前往冰岛。

实用的航海知识和航海指南是靠口耳相传一代代传下来的。如果你想成为一名领航员，你必须成为一个了解海洋、天气以及野生动物动向知识的专家：

- 北极星总是指向正北，太阳在正午指向正南。

- 留意太阳。正午时分太阳的高度可以帮助你估计纬度（太阳越高则越靠南，太阳越低则越靠北），如果你知道目的地的纬度，这会很有帮助。

- 虽然北极星的高度也可以用来判断纬度，但在夏季的北方海域，北极星可帮不上忙，因为夏天永远不会天黑，你根本看不见北极星。

- 地平线上堆积的云层下面可能有陆地。

- 多了解海鸟，它们可以指示陆地的方向和距离。在繁殖季节（4—8月，和适航季节差不多），海鸟在海上觅食，但会定期返回陆地喂养幼鸟或在夜间栖息。不同的鸟类的觅食距离也不同。三趾鸥的觅食距离超过 160 千米，而海鹦和海鸠这样的小型海鸟很少能超过 10 千米。在早晨和晚上观察飞行的海鸟，可以清楚地知道陆地的方向。

· 鲸鱼有定期的迁徙路线和觅食地。这些知识有助于你在大海中确定自己的位置。例如，在法罗群岛和格陵兰岛之间大约一半路程的地方有一个鲸鱼的定期觅食地。

· 如果暴风雨中的海面突然变得平缓，那可能是附近有一个被雨云、雾气或黑暗遮住的岛屿，而你正处于它的背风处。

挪威的卡夫船，它功能多样，适合突袭、贸易，也适合一个想带所有家人和侍从一起去参加年度庭会的首领。

- 在夜间或能见度低的情况下，经验丰富的海员可以从海浪冲击船体的力度判断船与海岸间的距离。
- 海水的颜色和透明度可以让你知道船的位置。河流会把泥沙冲进海里，有时泥沙会漫到离岸数千米的地方。

用帆还是用桨？

所有的维京战舰都可以靠帆航行，也可以靠划桨行驶。当风径直从船尾吹来时，普通的横帆效果最好。维京船可以逆风航行，以"之"字形路线逆风而上。逆风航行的过程很慢，对船员来说也是很艰苦的工作，还会对索具和船体造成很大的压力。因此，船长通常会等到风向合适的时候才起航。这经常会推迟几周甚至几个月，会让人很不高兴。但是耐心也是一种品德。等待的这段时间可是学习诗歌的好机会。

按道理说，长船不需要顺风，因为可以划桨。但是，只要你试试在海里顶风划桨几个小时，就会明白为什么没有船能靠桨完成长途航行了：船员非常容易疲倦，船速也慢得要命。桨的主要用途是：

- 进出港口。

- 在封闭和避风的水域，如峡湾，或者海面无风或风向不对的时候使用。

· 在河流上航行。

· 需要隐蔽的时候：为了不被人发现，通常会降下船帆。

· 在战斗中移动：在战斗之前，通常要降下桅杆和帆，以为
  接下来的战斗清理甲板。

· **小提示：** 大多数在陆地上工作过的人，双手已经足够
  粗糙，就算长时间划桨也不会长水泡。如果
  你很幸运，不需要用双手工作，那就请在远
  征开始之前先练习划船吧。这会让你在以后
  少吃些苦头。

陆上搬运

有时候，为了避开障碍物，或在河流之间转移，或避免走
一段绕过海岬的远路，你需要搬着你的船在陆地上走一段路。在
加尔德里基，河流是主要的快速通道，在这里经常碰上有必要进
行陆上搬运的情况。船只需要在几个地方通过陆地搬运，以在河
流间转移。而从基辅（维京人称为"科纳加德"）向南前往黑海
的船只也需要搬运数次，以避开第聂伯河的湍急河段。为了绕过

卸完第一批货后，罗斯商人把船在陆上拖行，以避开无法航行的湍急河段。

有守卫的桥梁这种人为的障碍，也需要在陆上搬运船舶。比如在886年，巴黎的军队扼守塞纳河，阻止丹麦人沿河而上，丹麦人就上岸拖行船只。

陆上搬运非常辛苦，在敌人的地盘上时更是十分危险。船上的货物必须卸空，所有货物必须分开运输。这不仅是为了让船轻一点，更好拖，而是因为没有水的浮力，船的龙骨在货物的重压下可能断裂。船下面会放置作为滚轮的原木，让拖动更加容易。谁也没法保证能在附近找到牛或马，所以船上得带够拖船的人。

你和同伴在运输过程中很脆弱，很容易遭到敌人突袭。第聂伯河的湍急河段还有一个著名的地方：佩切涅格人的骑手经常在附近伏击罗斯商人。如果走在敌人的地盘上，一定要派人侦查和执勤，要把武器放在方便拿的地方。

适航季节

如果迹象表明天气稳定，那么不超过一天一夜的短途航海在全年都非常安全。即使是那些气象知识和经验都很丰富的人，也无法准确预测一天一夜以上的天气变化。因此，在10月下旬到4月初之间进行长途航行的人非常少，因为这段时间的天气非常多变，即使是在最保险的时候航海也非常危险。完全不值得在冬天冒险出海。

10月底，船只会被拖上岸，桅杆、帆和索具也被取下收起，以在冬天保存。在挪威，船只会被放在长长的棚子里。但在其他地方，你会看到这些船被丢在露天环境之中，或者放在"船库"里。"船库"是船形的坑地，周围有挡风的低矮土堰。春分是为再次出海做准备的时间，这样一旦天气稳定，船只就可以起航了。你最好在10月以前回到家，因为10月以后大风刮得更猛。如果你没办法在10月前返航，要是安全的话，可以就地过冬，来年春天再回家。

挺过暴风雨和海难

一天晚上，夜幕降临，狂风四起。他们意识到这一点时，碎浪早已在推着他们前行了。他们别无选择，只好寻找陆地。找到陆地以后……所有人都得救了，大部分货物也都在，但那只船早已破烂不堪了。

——《埃吉尔萨迦》

大海杀人于无形，没人喜欢它。海难就是海员的职业性风险。在海上最危险的事就是船只沉没，无迹可寻；其次就是在暴风雨中被吹到下风岸。

如果在海上遭遇恶劣天气，船长不会跟大自然对抗。如果海浪不算太高，船长会降低船帆，让船随浪漂流。只有经验丰富的水手才能在暴风雨中操纵风帆，其他人要在此时为了活命而忙着将甲板上的水舀出去。如果你看到船员把绳索绕过龙骨，在船体上绑紧，你可得当心了——这是不让船身解体的一种绝望的尝试。

在暴风雨中随浪漂流的最大危险是被吹到下风岸，出现船难。船长保全船员性命的最优手段，就是升满帆，调整舵，径直向陆地冲去。如果在浪涛中稍微有一些判断失误，船只就可能被浪赶上，船头栽进海里；或者变成横向受风，侧翻沉没。虽然船只可能沉没，船货可能丢失，但是在通常状况下，如果发生事故的地方离海岸足够近，船员就可以安全地游上岸。

在这种情况下，海岸的地形状况在很大程度上决定了你的生还概率。在多石的海岸发生船难是最糟的，海浪可能将船只往岩石上反复拍打，将其变成碎块，将没有淹死也没有爬上岸的你也给拍死。在同样的海浪强度下，如果附近是有斜坡的砂质海岸，在海难中生还的可能性要高出不少。如果暴风雨弱一点的话，船可能只会在岸上搁浅，下一次涨潮的时候可以浮起来，重返大海，除非……

除非当地人发现你了。按照一条到处都承认的古老风俗，被海浪卷来的任何东西、任何人都属于发现者。如果你的船搁浅了，你可能还带着武器，可以阻挡想偷盗东西的当地人，直到下一次涨潮。但是那些从海难中逃出来，满身泥污、没有武器的幸存者就只能任人宰割了。如果你属于后者，你能想到的最好结局就是珠宝被抢走，然后被当成奴隶。如果他们怀疑你是海盗，只需抬头看看，那艘被冲到海滩上的破损长船就是证明你海盗身份的确凿证据。你很可能会被就地处决。

· **小提示：** *学会游泳。游泳高手会得到人们的敬佩，你也可以参加游泳比赛，即使是国王也会参加。游泳技能说不定还能救你一命。*

预防海难

若想让风帆之马在海上跑得稳，

你就要把大海的符文，

务必刻在船头，还有船舵，

亦用火烧入船桨；

无论浪陡涛暗，

你都在海上安全无虞。

——《希格德莉法之歌》

奥丁神的儿子——伟大的雷神托尔是保护船只平安的守护神。在海上时，记得无论何时都要在脖子上佩戴托尔之锤的饰品，即使是信基督的维京人也会这么做。还有，记得向保护水手的海神尼约德祈求平安。

在船体和船桨上刻上守护符文也能预防海难发生。符文只能由懂符文的人雕刻。如果你乱刻一气，符文就根本没用，甚至产生负面效果。

许多船只失事的原因都是恶灵扰乱了天气或海流。可怖的船

托尔之锤护身符可以保佑你不在海上迷失方向。

首像有助于吓退恶灵。靠近友好的海岸时，一定要记得拿掉船首像，以免吓到或冒犯当地的神灵。男巫和女巫拥有掀起风暴或平息波浪的力量，千万别和他们作对！

有风待售

芬兰的男巫向困在无风状态或被逆风困在港口的航海者出售风。付过钱之后，男巫会给你一条绑着三个魔法结的带子。解开一个结，会吹来徐徐微风。解开第二个，会有强风降临。如果一次性解开三个结，会带来无法控制的疾风，你的船也很可能被毁，所以要当心。

在船头上装一个看上去非常可怕的雕像可以让恶灵远离你的船。你要确保自己能在靠近没有危险的海岸时轻松地拿掉它，以免触怒当地神灵。

— 6 —

备船，起航

让此地土壤上的农夫知道我们已经在他们的地盘
上忙活起来了。

——哈斯泰因（据圣昆廷的杜多所述）

×｜×｜×｜×｜×｜×｜×｜×

好吧，现在你有了装备，也知道如何使用，加入了一支劫掠
队，长舰也升起了帆，准备出发。世界就在你面前，想抢哪里都

一支小型的劫掠队接近一处有人防卫的海岸。这可不是理想的着陆点，开
船到其他地方试试吧。

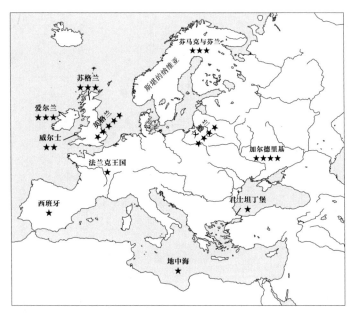

劫掠地点的推荐度如图。

可以。你想从什么地方开始呢？这取决于你住在什么地方。挪威人更愿意向西行进，前往苏格兰、爱尔兰和英格兰西北部。丹麦人喜欢向西南方向进发，去英格兰和法兰克王国，或者向南穿越波罗的海到达文德兰。瑞典人通常向东到芬兰和加尔德里基。这一切都取决于地理位置上的便利性。不过，如果瑞典人想加入西方的劫掠活动，挪威人和丹麦人想去劫掠加尔德里基，也不会有人阻拦他们。

继续读下去，你就会知道在主要的劫掠目的地都有些什么机会等着你，知道当地人会如何对待你。知己知彼，百战不殆嘛。

兔子也吃窝边草

仅仅因为你是维京人，你也没有理由错过掠夺维京同胞的机会。现在的人差不多都忘了，在我们掠夺欧洲其他地方以前，我们斯堪的纳维亚人几个世纪以来一直在相互掠夺。不幸的是，由于斯堪的纳维亚人现在对海盗行径太过熟悉，所以几乎没剩什么软柿子可以捏了。但你在经过丹麦和挪威的岛屿的时候，你仍然

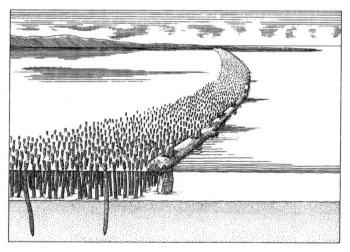

如今，图上这样的木桩屏障在通往丹麦和瑞典港口的水道上随处可见。打开一个口子需要几个小时，但这几个小时就足以让敌人集结起来了。

有机会趁人不备抓走牛羊，尽管大多数居民在很久以前就放弃了沿海地区，搬到了更安全的内陆。

丹麦和瑞典沿海的许多浅海湾曾是通往内陆地区的便捷通道，现在却被钉入海底的木桩堵住了去路。打破这些障碍没有技术上的难度，但是太费时间，让劫掠失去出其不意的可能性。瑞典的比尔卡和丹麦的海泽比这些贸易点离开阔海域太远，又戒备森严。何况木桩可以保护这些港口免遭来自大海的突袭。

若要抵达更远的法罗群岛和冰岛这两处维京人的殖民地，需要冒着极大的风险在海上长途航行，但这两个地方的财富一点也不值得你去冒这样的风险。在当地定居的前景也不乐观，所有肥沃的土地在很久以前就被占据完毕了。几年前，"红色"埃里克在西边更远的地方发现了一块新土地，称之为"格陵兰"。但是格陵兰无人居住，你肯定不会对它感兴趣。

另一个问题是，如今的国王比过去的国王更为强大，如果别人抢夺了其臣民的财富，国王肯定会勃然大怒。一个单枪匹马的维京人无法抵抗国王的报复，所以请不要在自己国王的领土上掠夺。事实上，国王也不喜欢自己的臣民在和平时期劫掠邻国，因为这会让局势更加复杂。甚至有传言说，丹麦国王规定从事劫掠的人要先拿到国王的许可证！如果你想在斯堪的纳维亚掠夺，最好是在我们好斗的国王之间爆发战争的时候加入某一位国王的军队。

芬马克和芬兰

评级 ★★★

芬兰人经常用光滑的木板滑行，实现迅速移动……一旦他们给敌人造成伤害，他们就会像闪电一般立刻撤退。他们灵活的身体加上滑雪板，让他们能够轻松地进攻和撤退。

——萨克索·格拉玛提库斯，《丹麦人的历史》

地理位置： 北方，那里的太阳在夏天不会落下，在冬天不会升起。

居　　民： 滑雪板芬兰人（自称"萨米人"）和芬兰人。

重要资源： 缺乏珍宝，但有丰富的动物皮毛等贵重商品。

萨米人居住在芬马克，他们是第一批冬天用滑雪板在雪上移动的人，因此也被称为"滑雪板芬兰人"（Ski-Finns）。萨米人没有固定的住所，经常跟随驯鹿群迁徙，以此狩猎驯鹿，获得食物和毛皮。毛皮是萨米人的主要财富。整个冬天，他们都在狩猎、设陷阱，来捕捉熊、狐狸、水獭、驯鹿和松鼠，这些动物在冬天长出来的灰色皮毛被叫作"明尼弗"（minniver），十分珍贵。夏天，萨米人从绒鸭窝里收集鸭蛋，捕杀海豹并剥下它们的皮，再就是猎杀海象来获得它们的牙和皮——他们用这些皮制作船只的帆索。

芬兰地处瑞典的东方，与瑞典之间隔着波罗的海。住在那里的芬兰人是农民，但他们和萨米人一样，拥有的主要财富也是毛皮。如果你是单身，或许你会高兴于知道芬兰人中的许多女人想和男人发生性关系，但是不想结婚。等这些女人生下孩子，女孩会很漂亮，但是男孩是畸形儿，头长在身体的中间。

劫掠难度

挪威人和瑞典人会劫掠萨米人和芬兰人，向其索取皮毛作为贡物，尤其是值钱的明尼弗。然后他们把皮毛卖给法兰克人、英格兰人和希腊人等群体，从中获取巨大利润。萨米人和芬兰人在面对面的战斗中不是维京人的对手，他们很清楚这一点，所以几乎不会给我们发挥优势的机会。芬兰人拥有铁矛和剑，但更喜欢待在森林里躲避维京人，或者待在易守难攻的悬崖上的岩石堡垒之中。

虽然萨米人缺少加工金属的技术，也没有铁制武器，却擅长使用弓箭，是危险的敌人。他们使用一种独特的反曲弓，这种弓由几种不同特性的木条胶合在一起而制成。这种弓的威力比维京弓更强大。按照萨米人的说法，当男孩长到能拉动这种弓的时候，他就算是成年男人了。虽然他们的箭矢只有骨头做的箭头，但是加上弓的强大力量，能轻易穿透链甲。萨米人不喜欢近距离对战，更愿意从远处攻击敌人。在冬天，萨米人尤其危险。他们用滑雪板移动的速度比飞鸟还快，他们会突然发动劫掠，然后迅速撤退到敌方的攻击范围以外。

请在冬天躲开萨米人。你在雪地上艰难行走的时候，萨米人可以用滑雪板轻巧地行动，用弓箭瞄准他们的敌人。

夏季，即使当地人没有抵抗，一群群叮人的蚊虫也会使人十分不愉快。萨米人和芬兰人的另一个危险之处是他们的女巫和萨满——他们可以凭空变出风暴和大雾。当年他们的萨满先召唤出一场猛烈的风暴，再召来流金铄石般的炎热天气，让"毛裤子"拉格纳的士兵奄奄一息，从而击败了强大的拉格纳。

英格兰

评级 ★ ★ ★ ★ ★

大主教西格里克建议［埃塞尔雷德国王］，用金钱赶走用刀剑赶不走的人，所以他们用一万磅白银来满足维京人的贪欲。这可是开了个臭名昭著的先例……一旦维京人休息够了，恢复了力气，还会再次前来。

——马姆斯伯里的威廉，《英吉利国王事迹》

地理位置： 北海的西南方向。

居　　民： 英格兰人大多是盎格鲁人和撒克逊人的后裔，还混有一些朱特人的血统。

重要资源： 数量充足的牲畜、轻便的货物，还有慷慨的埃塞尔雷德国王提供的无数白银。

富饶、肥沃、植被青翠的英格兰是当下野心勃勃的维京人的首选目标。自978年以来，英格兰一直由愚昧且不得人心的埃塞尔雷德国王统治。

埃塞尔雷德的母亲艾尔夫斯莉思用侍臣杀掉了他的同父异母哥哥爱德华，因此埃塞尔雷德在充满怀疑的环境中登上了王位。没人知道埃塞尔雷德是否参与了此次谋杀，毕竟他当时只有10岁（但国王必须迅速成长）。他一直没能摆脱这一污点，也很难获得臣民的忠诚。同时埃塞尔雷德不愿听从他人的建议，名声自然也不会好转。

在很长一段时间里，由于英格兰出了一系列强势的国王，所以它能一直抵御维京人的劫掠。埃塞尔雷德继位之后，维京人察觉到了他的弱点，于是开始前来碰运气。今年年初，奥拉夫·特里格瓦松在马尔顿之战中杀死了贝莱特诺特郡长。此后，埃塞尔雷德向维京人支付了1万磅（约4535千克）白银的贡金，而不愿意冒再次战败的风险。英格兰人真是可怜啊，这笔贡金让他们国王的软弱暴露无遗。不久后，人数多得多的维京人将渡过北海，前往英格兰，也希望获得这么一大笔钱财。如果你也想分一杯羹，那就加入奥拉夫、"高大者"索尔凯尔或丹麦国王"八字胡"斯韦恩这些强者的军队吧。

这枚银币上的头像正是懦弱的英格兰国王埃塞尔雷德。战士回家之后享受胜利的果实时，你可以在斯堪的纳维亚的市场、酒馆和妓院里看到很多这样的银币。

　　英格兰的所有地方都离大海不远，几处宽阔的河口港湾——东部有泰晤士河、沃什河和亨伯河，西部有塞文河、默西河——又是向内陆进发的便利通道。从前罗马帝国统治过英格兰，在英格兰留下了由一条条笔直的道路构成的网络。其中很多道路的状况都还很不错，骑兵部队可以沿着这些道路快速前进。当然，还可以沿着英格兰南部那些排水状况良好的白垩山丘上的"山脊路"快速行军。

　　英格兰是第一个遭到维京人劫掠的国家，第一次劫掠大约是在200年前。英格兰人（他们当时自称盎格鲁人和撒克逊人）对前来做贸易的斯堪的纳维亚人非常熟悉，但当维京人开始掠夺他们的贸易场所和修道院时，他们感到十分震惊。当时的英格兰分裂成了几个互相敌对的王国，没有联手对抗维京人。865年，一支强大的丹麦军队在哈夫丹及其兄弟（见第4章）的带领下到达英格兰，迅速征服了半个国家。只有阿尔弗雷德统治的威塞克斯王国坚持了下来。

丹麦人在征服的土地上定居时，阿尔弗雷德重新组织了王国的防御体系。当维京人在9世纪90年代再次入侵威塞克斯王国时，他们处处受挫，即使是狡猾的哈斯泰因也束手无策。阿尔弗雷德的儿孙也都是强大的战士，他们征服了丹麦人在英格兰的殖民地，其中最强大的是埃塞尔斯坦，他把整个英格兰都置于自己的统治之下，使之成为一个统一的王国。"血斧"埃里克是最后一位在英格兰统治一个独立王国的维京人领袖，他的人生在954年以悲剧收场（见第3章）。

劫掠难度

英格兰人并不畏惧战斗，这可不是凭空捏造。从历史上看，他们与维京人对阵时打的胜仗比败仗多。而英格兰目前的孱弱完全是由于其领袖无能。在埃塞尔雷德之前，英格兰是一个军事强国，足以击退来袭的最强大的维京军队。如果它能拥有一名更聪明的君主，就可以迅速恢复实力。所以，现在不去劫掠英格兰，更待何时？

维京人待在英格兰会感觉像待在自己国家一样。英格兰人和我们很像。他们的祖先盎格鲁人、撒克逊人和朱特人来自丹麦和德意志，他们不费多少力气就可以理解我们的语言。因为他们长时间接触维京人，所以甚至吸收了我们的许多词语。虽然英格兰人是虔诚的基督徒，但他们和我们有着同样的战士价值观念，有着同样风格的嗜血诗歌。

最重要的是，英格兰人徒步作战，和我们一样。他们也会形成盾墙，和我们用同样的武器。英格兰军队同样是由随从战士组成的，这些随从战士的领袖是强大的地主——大乡绅（一种当地的首领，类似于贺希尔）和郡长（地方上的领主，类似于雅尔），他们在军事上为国王效命。大乡绅和郡长征召当地的自由民，并带领他们作战。这些自由民占了英格兰军队的绝大部分。就像马尔顿之战中贝莱特诺特的儿子们一样，家族的战士宁愿为领主战死沙场，也不愿丧失荣誉。但是征召兵却不可靠。如果他们相信自己的领袖，就会坚守阵地。但如果他们的领袖很糟糕，一旦战斗打得激烈，他们就会临阵脱逃。

英格兰有很多要塞。全国各地都修建有一种带防御工事的城镇，称为布尔赫（burh）。这些要塞控制了主要河流的渡河点，还为当地的军队提供了安全的集结地，因此限制了劫掠部队的机动活动。在战争时期，布尔赫也是农民的避难之处。英格兰最富裕的城市伦敦位于泰晤士河边，在重建的罗马城墙后面坚如磐石，这里的桥对任何舰队来说都是难以逾越的巨大障碍，这样舰队就难以去泰晤士河上游的地方搞劫掠。

英格兰人拥有一支庞大的舰队，舰队驻扎在肯特的桑威奇。然而，这支舰队不是一直都有人员待命，所以为战斗集结人员要花上几周的时间。英格兰的战船与维京长船类似，也不能在海上停留很长时间。因此，你不必担心在登陆英格兰之前在海上遭到拦截。

然而，一旦你上岸，你登陆的消息就会迅速传开，陡峭山丘上的烽火台会迅速发出警报，让整块地区的乡村都警觉起来，这样你就不能长期利用出其不意这项优势。

爱尔兰

评级 ★★★

你必定更怕爱尔兰人，而非与他们战斗；更怕他们的友谊，而非他们的火焰；更怕他们的蜂蜜，而非他们的毒芹；更怕他们的精明，而非他们的军队；更怕他们的背叛，而非他们的战阵；更怕他们那靠不住的情谊，而非他们带有鄙视的敌意。

——威尔士的杰拉尔德，《爱尔兰历史与地形》

地理位置： 英格兰以西的一个大岛，位于大西洋边缘。

居　　民： 爱尔兰的当地居民分为许多部落和许多王国。

重要资源： 非常适合捕获奴隶，此外没有特殊之处。

　　爱尔兰是一个极具欺骗性的国家，乍一看好像很弱，其实非常强大。在过去的 200 年里，爱尔兰几乎所有地方都有维京人去过，尤其是他们的修道院。修道院一再遭到洗劫。成千上万的爱尔兰平民被维京人抓起来卖到奴隶市场。如果你去问奴隶他们都来自哪里，很快就能找到一个爱尔兰人。

　　然而，爱尔兰人的抵抗却从未崩溃过，维京人只在海岸附近建立了几个城镇。这几个城镇之所以能继续存在，只是因为它们十分坚固，而且因为靠海，所以不会在遭到围困后因为缺乏食物而投降。爱尔兰有许多可以通航的河流，其中最主要的是香农河。沿着河流可以轻易到达内陆，但在陆地上行进却很困难，因为沼泽遍布，道路也很少。爱尔兰人衡量人财富的多少主要看拥有多少头牛，但在维京人眼里，爱尔兰的人才是主要的财富。

劫掠难度

　　维京人在 8 世纪 90 年代第一次劫掠爱尔兰时，爱尔兰国内有几百个小王国，这些小王国只对数量较少的一些至高王保持松散的联盟关系。王国之间的战争持续不断，甚至爱尔兰的修士也和敌对的修道院开战。分裂的状况使维京人军队不用担心遇到大型的爱尔兰军队，可以肆无忌惮地劫掠爱尔兰的任何地方。他们的成功促使挪威的维京人于9世纪40年代在爱尔兰沿海地区建立了几个劫掠基地，他们试图征服这片土地，在此定居。其中都柏林、韦克斯福德、沃特福德和利默里克这几个基地现在都是繁荣的商业城镇，但是除此之外的大部分基地不久就被爱尔兰人摧毁了。

灵活机动是维京人成功的原因，而定居下来的挪威维京人却很容易遭到爱尔兰人的反击。另一个问题是，根本不可能像在英格兰和法兰克王国那样，达成长期的和平条约。你必须去跟很多国王谈判，而某个国王接受的条款不一定会被其他国王承认。把国王在战场上打败并杀死也不会带来任何好处。爱尔兰王室的范围不断延伸，能源源不断地提供新国王。不管你杀得多快，总会有人出来替代。现在爱尔兰最有实力的国王是布莱恩·博鲁，他是芒斯特的统治者。他是一名出色的军事领袖，在977年打败了利默里克的维京人，现在或许已经完成了更大的成就。

爱尔兰的大部分小王国能集结约300人的军队。这听起来不算什么，可是小王国的数量很多。低一级的国王要向他的至高王效力，所以布莱恩·博鲁这样的至高王能强迫下面的小国王听命于己，可以组成一支非常庞大的军队。然而，在一对一的战斗中，一个爱尔兰战士根本打不过一个全副武装的维京人。爱尔兰人战斗时基本上没有防护，不穿戴头盔或甲胄，只用一面小圆盾护身。矛是主要的武器。他们很少使用弓箭，但是他们能娴熟地使用投石索。爱尔兰人也用带刺的标枪，枪柄上附有羽毛。他们的标枪投得很准。最近，爱尔兰铁匠开始仿制维京人的武器。但因为爱尔兰缺少铁，所以这些仿制的武器比真正的维京武器更小、更轻。

爱尔兰人可不会跟拿着好武器的你正面对决。他们会尽可能地避免正面对战，让你踩着沼泽地，冒着倾盆大雨，花上几个星期来追赶他们，他们还会用伏击来骚扰你，直到你精疲力竭，无奈放弃，最后回家。这虽然放不上台面，却很有用。

爱尔兰大大小小的防御工事数不胜数。几乎每一个国王都为自己建造了坚固的圆形石头堡垒。此外还有数千个为保护家宅而修建的环形堡垒。环形堡垒有一圈环形的垒墙，带有栅栏，堡垒中有单独的圆形房子以及农用建筑。其实垒墙在防止牲畜出逃这件事上更有效，而维京人突破它闯进来简直就是易如反掌。不过在房子下面有一个地方可以通往地下通道，房子的主人可以带着家人和贵重物品藏在里面。注意：其中的一些通道有通向堡垒

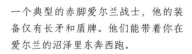

一个典型的赤脚爱尔兰战士，他的装备仅有长矛和盾牌。他们能带着你在爱尔兰的沼泽里东奔西跑。

外的秘密出口，但大多数通道没有。

你可能觉得把爱尔兰人从通道里抓出来很容易，其实不然。通道内部有门和隐蔽的通风口，用烟把他们呛出来很困难。这些通道迂回曲折，所以你要是想从入口往里面射箭，也很难射中人。通道低矮狭窄，在里面防守很容易。而且如果发生了打斗，尸体很快就会堵住通道。如果你有时间，你当然可以把爱尔兰人挖出来，但问题是这是突袭活动，你当然就没有时间了。所以，把牲畜弄到手之后，就赶紧走吧。如今的大多数修道院都有高高的圆形塔楼，塔楼的入口处很高，人只有用梯子才能爬进去。这也是一项消耗你时间的方法。修士会带着修道院的财宝去塔楼里避难。他们没法在塔楼里坚持太久，但他们也知道维京人不可能一直在塔楼下面干耗着。

对任何一个劫掠过爱尔兰的维京人来说，这简直是再熟悉不过的场景了，它十分令人沮丧：一座修道院的圆形塔楼。一旦收到劫掠的警报，修士就会带上他们的贵重物品一起藏进塔楼。你知道，如果时间充足，你就可以抓到他们，但你没有时间……

没有商业头脑的爱尔兰人从不因禁俘虏。爱尔兰战士宁愿把你的头当成战利品带回家，也不会为了银子而向你的家人勒索。爱尔兰战士认为收集的敌人首级越多，自己的地位也就越高。而维京人更喜欢钱财。与爱尔兰人谈判时要非常小心：他们经常以和谈为名来实施伏击和谋杀。维京人索尔吉斯（爱尔兰人叫他图尔吉斯）离征服爱尔兰就差一点，却在844年被一个爱尔兰国王用这种伎俩抓住溺死了。

苏格兰

评级 ★★★

饥肠辘辘的战斗之鸟在斯凯岛上盘旋，

身上沾满了敌人的鲜血……

岛上无数女孩恸哭，

是我们途经岛屿时听到的痛苦。

——"残手者"比约恩，《"赤足"马格努斯萨迦》

地理位置： 北海的西边。

居　　民： 最初是皮克特人，后来被从爱尔兰来的苏格兰人取代了。

重要资源： 上好的牧草地（如果你能得到的话）。

苏格兰位于不列颠岛北部，通过一处狭窄的地峡与岛屿的南部相连。这处地峡西边是克莱德峡湾，东边是福斯峡湾。苏格兰遍布山川，西海岸满是峡湾，挪威人会觉得这里很像自己的家乡。200年之前维京人刚开始劫掠的时候，苏格兰还叫皮克特兰，得名自当地居民皮克特人，在当时，来自爱尔兰的苏格兰人统治的地区只有阿盖尔地区的西海岸和一些近海的岛屿。苏格兰人在艾奥纳岛上的那座富有的圣科伦巴修道院经常遭到维京人劫掠，最近的一次是丹麦人在986年发动的劫掠。

825—850年，挪威维京人征服了奥克尼群岛、设得兰群岛和赫布里底群岛，并在这些岛上定居。奥克尼的雅尔"勇者"西格尔德现在统治着所有这些岛屿，以及凯思内斯和萨瑟兰。在维京人的劫掠下，苏格兰人被迫离开西海岸，向东推进，然后在国王肯尼思·亚尔宾（肯尼思一世）的带领下于843年征服了皮克特

如果你现在入侵苏格兰，你是见不到这些带着独特方形盾牌的皮克特战士的。他们在100多年前被苏格兰人征服，从此销声匿迹了。

126

人。人们已经很久没有听说皮克特人的事情了，而苏格兰人开始讲述一些关于皮克特人的奇怪故事，比如说他们的皮肤是蓝色的，说他们是生活在地下的矮人。

劫掠难度

比起爱尔兰的其他族群，苏格兰人更有战斗的意愿。他们已经把皮克特人踢进了历史垃圾堆，最近还占领了英格兰的爱丁堡，把威尔士的斯特拉思克莱德变成了他们的属地，你千万不要傻傻地低估他们。苏格兰人的军事组织以英格兰制度为基础，却比较松散。军队的核心是国王的随从战士，其余的是来自各地的雅尔，雅尔转而要求当地的领主在其控制的地方征召兵员。和其他爱尔兰的族群一样，苏格兰人也接受了维京式的武器，他们尤其喜爱双手战斧。小型堡垒很常见，其中许多都建在湖中的人工岛上，以提供额外的防护。

威尔士

评级 ★★

威尔士人轻盈敏捷。他们不强壮，但异常凶猛，醉

心于武器训练。不仅其领袖接受战争的训练，整个国家
都是如此。

——威尔士的杰拉尔德，《威尔士记》

地理位置： 与英格兰的西部接壤的多山之地。

居　　民： 威尔士人，他们也自称布立吞人。

重要资源： 修道院充盈的钱财是你的最佳选择。

　　威尔士最近才成为维京人劫掠的主要目标。突然被维京人喜欢并不是因为威尔士有特殊的吸引力，毕竟威尔士不是一块富饶的土地。其中的原因是劫掠爱尔兰变得更加困难。幸运的是，威尔士的财富集中在富饶的沿海地区。安格尔西岛是威尔士最繁荣、人口最稠密的地区，它离都柏林和维京人定居的马恩岛很近，所以很容易遭到劫掠。4 年前，马恩岛的古斯弗里斯·哈拉尔德松从安格尔西岛上带走了 2000 名俘虏。威尔士的内陆多山而贫穷，不值得去抢。

　　因为没有像其他国家那样频繁地遭到劫掠，在威尔士靠近海岸的地方依然有修道院。南部墨涅维亚的圣大卫教堂在 967 年和 988 年都遭到了洗劫，但是它已经恢复，再次劫掠的时机已经成熟了。如果你想要赚快钱，德赫巴思国王马雷都德会为每一个被维京人俘虏的子民支付一枚银币来赎回他们。而对于主教，威尔士人会出 18 千克白银的赎金。

威尔士分为五六个王国，它们之间经常相互开战，或与英格兰开战。目前马雷都德的王国占主导地位。威尔士各国的国王则经常招募维京雇佣兵加入其军队。马雷都德现在正在招募兵员，以对抗邻国摩根韦格王国。

劫掠难度

威尔士人非常擅长利用威尔士复杂的地形来发挥他们的优势，他们擅长在山间搞伏击。他们在战斗中最喜欢的战术是迅速进攻再迅速撤退，并一次次重复进行。因此，你绝不能认为威尔士人逃跑是因为他们被打败了。威尔士有许许多多的小堡垒，大部分都建在易守难攻的峭壁上。

国王有固定的随从战士，但所有自由人都有义务参与作战。虽然威尔士战士缺乏防护，但他们强壮而灵活。他们通过举铁棒、摔跤、在山上互相追赶来进行训练。威尔士战士中最令人害怕的是他们的弓箭手，他们使用的弓短而宽，所以箭矢的威力非常强大。无论是进攻或是撤退，他们都可以在奔跑的情况下精确射击。永远不要轻视威尔士人给你造成的伤口，不管伤口看起来多么浅。他们在箭头和矛尖上涂毒可是出了名的。

法兰克王国

评级 ★

没有办法可以阻挡马上的法兰克人，他甚至可以踏破巴比伦的城墙；而他下马后，就可以被任何人玩弄。

——安娜·科穆宁娜，《阿莱克修斯传》

地理位置： 往南走，过北海和英吉利海峡后就能到达。

居　　民： 法兰克人，以及北方的诺曼人。

重要资源： 你叫得出名字的东西这里都有。

法兰克王国曾经是维京人主要的劫掠之地，现在却成了维京劫掠者实际上的禁区。讽刺的是，这一定程度上是由于早期的维京人过于成功。维京人首次劫掠法兰克王国时查理大帝在位，他很快就发现了问题所在。莱茵河、塞纳河、卢瓦尔河和加龙河这些宽阔的河流实际上是通往王国中心地带的快速通道，河流沿岸还遍布着许多的城镇和富裕的修道院。查理大帝在河口建造堡垒，在沿海驻扎舰队和卫戍部队，试图以此阻止维京人入侵。然而，即使是像他这般伟大的战士也难以全面顾及开阔的沿海地区。810年，丹麦国王戈德弗雷德突袭了弗里西亚。查理大帝的军队还未赶到弗里西亚，戈德弗雷德就已经带着200磅（约90千克）白银回到了丹麦。

查理大帝的孙子们在9世纪30年代争夺王位的时候，法兰克王国沿海的防御体系就垮了。维京舰队沿着没有防备的河流航行，随心所欲地掠夺，经常不会遇到抵抗。法兰克人的国王们更关心权力斗争而非维京人，他们开始向维京人交纳贡金。

法兰克国王向维京人的首领授予法兰克王国的土地，条件是阻挡其他维京人。塞纳河维京人的领袖霍尔夫就是其中最成功的一位。911年，"糊涂"查理任命霍尔夫为诺曼底伯爵。霍尔夫的继任者也一直遵守诺言，将诺曼底变成了维京掠夺者的禁区。伯爵仍然欢迎维京雇佣兵，但这种情况会持续多久还不清楚：现在的大多数"诺曼人"（北方人）都跟法兰克人一样骑马作战。诺曼底对于被迫逃离英格兰的维京人来说仍是安全的避风港，也适合那些只是想在冬天休养生息的人。

查理大帝的最后一个后代"懒王"路易（路易五世）死于987年（他懒到连孩子都没有），当时的法兰克国王已经虚弱不堪，毫无力量。而新国王于格·卡佩只能

查理大帝（768—814年在位），他是法兰克国王，使自己的国家成为罗马帝国之后最大的欧洲帝国。作为一个强大的战士，他非常了解维京人，但他的后继者却没有这样的本领。

控制巴黎周边的一小部分地区，贵族也只会在符合自己利益的时候听从他的命令。不过，不要傻到以为法兰克王国因此变得不堪一击。和霍尔夫的孙子理查伯爵一样，贵族用城堡和装甲骑兵为各自的公国布置了良好的防御。

劫掠难度

除了在开阔的海岸沿线，维京人在其他任何地方发起劫掠都会非常危险，这是因为法兰克王国综合运用了城堡和骑兵。你肯定无法忘却遇见法兰克骑兵时的状况：他们非常难对付。典型的法兰克骑兵有精良的装备，身穿能盖过躯干、手臂和大腿的长链甲，头戴一顶圆锥形的铁头盔，头盔上带有简易但有效的护鼻。为了保护自己，骑兵还会带上专为骑兵设计的鸢形长盾。

法兰克骑兵最喜欢的武器是标枪和剑，但他们也会使用战锤（对付铁头盔的致命武器）、单手斧和弯刃大刀。骑兵作战时，使用约50人一组的紧凑阵型。骑兵在冲锋或者紧急集合的时候都有自己的军旗。他们常用的战术是向敌人猛冲，用力投掷标枪，然后拔剑砍杀。抵抗这些冲击需要有极大的勇气和严明的纪律（见第8章）。就算拿着用钝了的武器，他们也会跟拿着锋利的武器一样，凶猛地发动进攻。死亡对他们来说很常见。法兰克骑兵极度渴望荣誉，会积极寻找地位与自己相当的对手，与其单打独斗。

查理大帝时代的法兰克骑兵。如今，他们头戴带有护鼻的圆锥形头盔，手拿专为骑兵设计的鸢形盾牌。

　　由于盔甲、武器和马匹十分昂贵，大多数法兰克骑兵都得依靠自己的领主。领主为他们提供装备，还会给他们提供一小块封地，以作为服役的回报。大多数法兰克步兵都是装备简陋的农民征召兵，他们在战场上很少能坚守阵地。法兰克骑兵完全瞧不起征召兵，甚至在内战中以杀戮他们取乐。

　　法兰克王国有非常多的防御工事。每座城市都有城墙保护，乡间也分布着成百上千座土木结合而成的土丘城堡，还有数量少一些的、坚固的方形石头城堡。石头城堡是大贵族的住宅，能经受数月甚至数年的围攻。贵族们在战略位置重要的地方建造了各式各样的土丘城堡，以保卫他们的土地免遭入侵。土丘城堡有一个（天然的或人工的）土丘，土丘上有一个木质塔楼，土丘外面有一圈围墙，围墙里面有军营和马厩。土丘城堡无法经受长时间

一座典型的法兰克式土丘城堡，也就是用一圈木栅栏围住一个土堆，再在土堆顶上搭一个简易的木塔。建这种城堡主要是为了控制当地的居民，不过它们也能为入侵军队带来麻烦。

的围攻，但这不是重点。任何拖延对突袭部队来说都是不利的，尤其是在你知道有一支庞大的骑兵部队可能正在接近的时候。但你也不能完全忽视这些城堡，因为驻守的骑兵可能会从里面出来，在你行军的时候骚扰你，阻止你获取食物，截杀掉队者。所以，维京人现在都避免去法兰克王国。

文德兰

评级 ★★★★

　　〔文德人〕知道〔丹麦人〕要来的时候，他们聚集在一起，开始勇敢地抵抗，保卫自己的财产。获得胜利之后，〔文德人〕屠杀了大半丹麦人，劫掠他们的船只，从船上获得了金银等不少战利品。

——里姆伯特，《圣安斯加传》

地理位置： 波罗的海以南。

居　　民： 文德人，他们是斯拉夫人的一支。

重要资源： 便携的奢侈物品，特别是白银、琥珀和奴隶。

　　波罗的海的整块南部海岸就是文德兰。文德人分为许多部族，包括阿多德里特部族、鲁吉亚部族和波美拉尼亚部族。他们控制着奥得河、维斯图拉河等河流的河口，这些河是前往中欧和拜占庭帝国的十分繁忙的贸易通道。因此，文德人拥有许多繁荣的商业城镇和大量的白银。他们还控制着最重要的琥珀资源。

劫掠难度

　　掠夺文德人风险不小，但那里的白银和奴隶却值得你去冒险。方便的是，你劫掠文德人时还不用在海上长途跋涉。这样你可以在初夏出发，作物收割之前就能到家了。这对有家室的维京人来说真是再好不过了。

　　斯堪的纳维亚的商人非常熟悉文德人的城镇，他们经常去那里做生意，所以你很容易得到有用的情报。这些城镇均不位于开阔的海岸上，大部分都坐落在距离河流和港湾几千米的内陆，所以舰队不可能在不被发现的情况下发动劫掠。所有的城镇都有完善的防御工事：土墙、木栅栏和塔楼。鲁吉亚部族的主要城镇阿科纳坐落在一个地势很高的岬角上，有临海的悬崖，朝着陆地的那一面有城墙。沃林岛有著名的沃林岛维京人驻守，他们可不喜欢其他维京人闯入他们的领地。

文德人是一个好战的族群，他们甚至会把神像放在头盔和链甲中间。文德人的战士可以徒步作战，也能骑马作战。他们步行作战时使用大圆盾和短矛，一般不穿盔甲。设置埋伏可是他们的拿手好戏。追击逃跑的文德人时要特别小心——他们可能是在引诱你进入陷阱。

文德人的骑兵骑乘矮小而敏捷的战马。他们向敌人猛冲，投掷长矛，驱散敌人。与法兰克人战斗过的人都知道，从快马上扔出的长矛能轻易贯穿盾牌和链甲。文德人按照维京人的方式建造船只，近年来，他们还在丹麦、瑞典甚至挪威发动海盗劫掠。因为他们的船和武器跟维京人的看起来很像，你稍不留心就会把他们误认为维京人。最稳妥的辨别办法是看他们的头发：文德人把头发剪得非常短。

加尔德里基

评级 ★★★★

那年夏天，哈拉尔德和雅尔罗格瓦尔德驾船东行，前往加尔德里基国王雅罗斯拉夫那里，并在当年冬天都待在国王那里……哈拉尔德在加尔德里基待了 3 年，又在东部各地旅行。之后，他带着一大群人前往希腊，抵达君士坦丁堡。

——斯诺里·斯图鲁松，《国王哈拉尔德萨迦》

地理位置： 位于波罗的海之东。

居　　民： 罗斯人。

重要资源： 奴隶和皮毛。但罗斯人是我们的朋友，所以请不要劫掠他们。

　　加尔德里基是罗斯人的国家，你可以发现维京人在贸易和战斗上的合作关系在这里最为有序。你会在加尔德里基受到友好的接待，不管你是来做生意，是去国王的德鲁日纳（卫队）里当雇佣兵，是在被流放后找一个安全的去处，还是在去君士坦丁堡加入瓦兰吉卫队的路上中途歇脚。国家叫这个名字是因为这里有很多城市（"加尔德"意为"城市"，"里基"意为"地方"），主要的城市都是繁荣的贸易中心，比如阿尔代久堡、霍姆加德（诺夫哥罗德）和科纳加德（基辅）。

　　罗斯人很欢迎维京人，他们把维京人称为瓦兰吉人，而他们自己就是维京人的后裔。8 世纪晚期，富有冒险精神的瑞典人注意到上等的银币正在从波罗的海另一边的某个地方流向斯堪的纳维亚。为了找到这些钱币的源头，他们开始探索汇入波罗的海的大河，在途中建立坚固的城镇，或者征服当地的芬兰人或斯拉夫人的定居点。有时他们会拖着船从一个水系走到另一个水系。他们就这样到了伏尔加河上的保加尔城。在那里，瑞典人遇到了来自巴格达的撒拉逊商人，巴格达属于阿拔斯王朝，而阿拔斯王朝正是钱币、丝绸和香料等奢侈物品的来源地。他们还发现了第聂伯河，这条河汇入黑海，再一直通往富饶的希腊城市君士坦丁堡。

罗斯人自己没有多少东西可以拿来做贸易，所以他们以自己的城镇为基地，劫掠邻近的斯拉夫人和芬兰人，要求这些人提供奴隶、毛皮、蜂蜜和蜂蜡等贡品。这些东西都是撒拉逊人和希腊人非常想要的。约 860 年，留里克统一罗斯人。他的后代仍然统

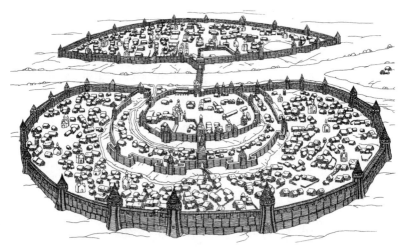

根据传说，留里克在富裕的罗斯人之城诺夫哥罗德建立了他的第一个国家。从波罗的海出发可以轻松抵达诺夫哥罗德，这里是皮毛贸易的中心，也是向南流向基辅和君士坦丁堡的河流的出发点。

988 年，来自君士坦丁堡的基督教神职人员为罗斯人的君主弗拉基米尔进行洗礼。这对多神教徒来说可不是什么好消息。现在弗拉基米尔希望他的所有臣民都能成为基督徒。

治着这个国家。从那时起，罗斯人开始和他们的斯拉夫臣民通婚。如今，他们仍然以维京人的方式战斗，形成盾墙，徒步作战。但他们现在说斯拉夫人的语言，崇拜斯拉夫人的神灵。3 年前，希腊传教士使罗斯人的君主弗拉基米尔改信了基督教。按照基督徒的做法，弗拉基米尔希望他所有的臣民都能改信基督教。

每年 11 月，秋雨后的第一场霜冻住了地面时，罗斯人就会开始他们收集贡品的远征。他们在春季踏上贸易之途，这时河流的水位最高，船在浅滩和急流中航行会更加容易。罗斯人通常在保加尔城跟撒拉逊商人做生意，有的罗斯人会乘船沿伏尔加河而下，穿过里海，再跟着骆驼（一种又大又丑的驼背动物，能驮很重的货物，很少需要喝水）商队穿过山脉和沙漠，最后到达阿拔斯王朝的巴格达。因为撒拉逊人的银矿逐渐枯竭，现在和他们做贸易没有以前那样赚钱了。所以，走这条路的罗斯人逐年减少。

如果要和君士坦丁堡的希腊人进行贸易，罗斯人要从基辅出发，沿第聂伯河而下，进入黑海。这是旅途中最危险的一段路。在好几个地方都需要你把船拖上岸来避开险滩。游牧民族佩切涅格人经常埋伏在这些地方，伏击罗斯人的舰队。由于要经常战斗，所以罗斯人一直都非常需要优秀的战士。到达黑海后，罗斯人沿着海岸往西南方向航行，到达君士坦丁堡。他们会原路返回。与希腊人订立的贸易条约规定，禁止在黑海掠夺商船。

加入罗斯人值不值？

如果你加入了国王的德鲁日纳，那肯定可以在加尔德里基过上好日子，可以分到斯拉夫人交纳的贡物。但是回报和待遇比不上希腊皇帝或新成立的瓦兰吉卫队那里的。但如果你想要挣大钱（或喜欢温暖的冬天），那就继续走，去君士坦丁堡吧。

君士坦丁堡
评级 ★

托夫和海明格尔为他们的儿子冈纳尔而竖立这块石碑，但他死在了希腊。神与神之母啊，请帮助他的魂灵。

——11世纪的如尼文纪念碑，位于瑞典的诺尔森达

地理位置： 加尔德里基的西南方向，位于黑海和地中海的相接之处。

居　　民： 大多是希腊人，但作为希腊人帝国的首都，你会在那里发现各个种族的人。

重要资源： 不要劫掠这里，而是加入瓦兰吉卫队挣钱！

　　君士坦丁堡是希腊人帝国的首都，是一座巨大的城市，甚至很可能是世界上最大、最富有的城市。如果你想因此而劫掠这个地方，送你三个字：千万别。君士坦丁堡的财富得到了极好的保护，那些试图用武力攫取财富的人会受到火热（没错，就是火热）的接待。好的一面是，它还提供了极好的机会，你可以将从别处获得的战利品和俘虏带到这里交易，或者加入巴西尔皇帝的瓦兰吉卫队（加入的条件和回报见第 2 章），从而获取丰厚的雇佣兵酬劳。

　　君士坦丁堡得名自罗马皇帝君士坦丁，是在约 600 年前由君士坦丁建立的。建城的位置也是君士坦丁所能找到的最佳位置。君士坦丁堡地处博斯普鲁斯海峡中，这处狭窄的海峡隔开了亚洲和欧洲，连接了黑海和地中海。在这个天然的十字路口，君士坦丁堡迅速发展成一个庞大富裕的贸易场所，吸引了来自世界各地的商人。君士坦丁堡的港口里总是挤满了商船，货仓里装满了酒、油、谷物，还有从阿拔斯王朝运来的珍贵丝绸。这座城市里有许多宫殿、修道院和巨大的教堂，所有这些地方都充满了金银财宝，还有基督教圣人的腐朽尸身——希腊人相信它们有治愈疾病的魔力。

米克利加德（维京人对君士坦丁堡的称呼，即巨大之城）可不是浪得虚名，它可是世界上最庞大、最雄伟、最富裕的城市。对于野心勃勃的维京勇士来说，这是以雇佣兵身份赚钱的最佳去处。

劫掠难度

你看到君士坦丁堡的希腊人穿着长长的丝绸长袍，喝着掺水的葡萄酒，你可能会以为他们不会在酒馆里打架，更别提统治一个强大的帝国了。但他们拥有的惊人财富却可以帮到他们：他们请得起全世界最优秀的雇佣兵。此外，这些颓废的城里人也不是典型的希腊人，他们当然也不负责保卫这座城市。大多数希腊士兵是从博斯普鲁斯海峡另一边的小亚细亚招募来的。小亚细亚地形高耸而多山，冬季寒冷，夏季炎热，因此造就了强大的人。

更重要的是，如果你想攻进城市，那么君士坦丁堡有世界上最强大的防御工事。君士坦丁堡的地理位置有利于防守，它位于一个半岛之上，半岛一边邻接博斯普鲁斯海峡，另一边是一个狭长的避风港湾，即金角湾。在战时，会有一条铁链横亘在金角湾的入口处，以防止敌船进入。城市面对海陆的地方都有巨大的石墙保护，石墙上有坚固的塔楼，塔楼顶上又有强力的投射武器。面对陆地那一面的石墙简直让人惊叹：足足有三层城墙防护。能打破它们的武器还没有发明呢。

由于其强大的防御能力，君士坦丁堡只需要一支小型部队守备即可。其余的希腊军队都在边境上。在希腊军队中，步兵和骑兵同等重要，都拥有精良的装备。希腊士兵的鳞甲与众不同，看起来就像巨蛇的皮。鳞是用铁片做的，用皮绳系在一起。步兵战斗的阵型和我们的盾墙很相似。在战斗中，步兵的任务是在骑兵

突破侧翼、包围敌军阵形时将敌阵固定住。如果你要和希腊盾墙对抗，请记住敌人很可能从背后袭来。被人称为"甲胄骑兵"的

希腊火：罗斯人在 941 年受到了希腊人的火热接待

罗曼努斯皇帝把船匠叫到面前，对他们说："你们快去把那些老旧桨帆船弄得适合打仗，不要耽搁。而且，不要只在船头放喷火器，船尾和两侧也要放。"等桨帆船按照他的命令装备好之后，他召集手下最能干的水手，令他们向伊戈尔国王开战……仁慈又富有同情心的上帝不仅希望保护向他祈祷、乞求帮助的礼拜者，还要赐予他们胜利的光荣。所以上帝抚平了海浪——否则希腊人喷出火焰时会有不少困难。希腊人的桨帆船被敌人包围时，他们开始往四周放火。罗斯人看到火苗袭来，匆匆跳入水中，他们宁愿淹死也不愿被活活烧死。有的人在盔甲的重压下沉入水底，有的在波涛中泅水时被火烧死。除了那些到达岸边的，所有罗斯人都葬身于此。因为罗斯人的船只比较小，可以在非常浅的水里航行，而希腊人的桨帆船吃水深，无法去浅水里追赶。

——克雷莫纳的柳特普兰德，《君士坦丁堡出使记》

941 年罗斯人进攻君士坦丁堡期间，希腊人把液态的火焰喷向一艘罗斯人的长船，挫败了他们的进攻。既然防御如此坚固，劫掠君士坦丁堡便不会是诱人的选择。

希腊重骑兵会给你留下深刻印象，他们从头到脚都有链甲和鳞甲保护，只有眼睛露出来。甚至他们骑乘的马也披着鳞甲，所以很难用箭或长矛把他们击倒。他们的速度不快，但是因为他们穿着这么重的铁甲，所以很难拦住他们。

相对于世界最强的希腊海军，希腊陆军对维京人来说只是遇到的最小的问题。希腊战舰被称为德罗蒙（dromons），任何长船都无法与它匹敌。和长船一样，德罗蒙战舰也由帆和桨驱动。德罗蒙战舰有两根桅杆，每根桅杆上挂着三角帆。与维京船的横帆相比，三角帆能让船更好地利用风力。最小的德罗蒙战舰上有100个桨手，左右各50人，分上下两列坐定。大型德罗蒙战舰有200个桨手，也按同样的方式安排位置。此外，德罗蒙战舰最多可搭载100名士兵。桅杆前的木塔上安放了强力的投射武器。

更糟糕的是，德罗蒙战舰的船头装了可怕的机械，它能发出咆哮声，喷出液态的火焰，也就是"希腊火"。希腊火的配方是绝密的。希腊火能迅速将一艘船连同船员都烧掉，甚至能点燃海面。没有法子可以防御希腊火，你要么和船一起葬身火海，要么跳船淹死，这都取决于你是喜欢热热地死还是湿湿地死。941年劫掠君士坦丁堡的维京舰队被这种武器彻底摧毁了。如果想逃脱，那就去浅水区吧，吃水量大的德罗蒙战舰无法去浅水区追赶。

还要注意，希腊皇帝会使用卑鄙的外交手段，来挑动敌人互相争斗。20年前罗斯人的君主斯威亚托斯拉夫就是这样丧命的。在他进行掠夺的时候，当时的希腊皇帝安排游牧民族佩切涅格人在他回家的路上搞伏击，将他杀死。

西班牙和地中海

评级 ★

> 北方人沿着加龙河而上，远至图卢兹，四处破坏，
> 未遇见抵抗……他们中的一些人……到达了西班牙西南
> 部，在那里与撒拉逊人进行了长时间的艰苦战斗，但最
> 终被打败，退回船上。
>
> ——《圣贝尔坦年代记》，约 844 年

地理位置： 西班牙位于英格兰以南很远的地方，邻接法兰克王
国。西班牙守卫着地中海的入口，不走这里的话，你
去地中海就只能走从陆路穿越加尔德里基的那条路。

居　　民： 南方是深色皮肤的摩尔人，北方是浅色皮肤的基
督徒。

重要资源： 吃的喝的，还有大量财宝。

如果你能到达这么远的地方，好样的！西班牙由深色皮肤的
摩尔人统治，他们也统治着北非。摩尔人信奉伊斯兰教，经常和
统治西班牙北部的各个基督教王国交战。摩尔人的首都科尔多瓦

身穿链甲的摩尔人弓箭手（上）和骑兵（下）。摩尔人士兵是能干的职业军人，是可怕的敌人。

几乎和君士坦丁堡一样大、一样富有。西班牙还有许多富裕的城市，尤其是在南部。这里的气候温暖晴朗，有很多小麦、油和酒。有谁会不想得到这些东西吗？

这样的人还是不少的。西班牙的财富经常会诱惑维京海盗，但更多的时候是摩尔人给维京人造成很大的损失。西班牙的财富比地中海四周土地上的财富还多得多，但维京人只劫掠过一次地中海。那是859—862年，尽管其领袖是最强大的维京统帅哈斯泰因（见第3章），维京人也损失了三分之二的船只。在西班牙，最安全的赚钱方式是卖奴隶，因为摩尔人总是渴望买一些白皮肤的孩童。

劫掠难度

摩尔人有一支规模庞大、组织有序的职业常备军，由步兵和轻骑兵组成。这使得他们能够对任何威胁迅速做出反应。长矛和弓箭是步兵的主要武器，骑兵则用标枪作战。王家军械库每月制造两万支箭，所以如果你和摩尔人交战，你撤退的时候可能会像一只刺猬。步兵和骑兵都使用轻型直剑，身穿链甲或鳞甲，头戴铁盔。摩尔人最好的战士是马穆鲁克，他们是奴隶，通常在小时候就被当成战士培养。但与我们的奴隶不同，马穆鲁克受人尊敬，可以变得有钱有势。摩尔人用石墙和石塔来保护他们的城市，石墙和石塔的顶端可以安放投石器。海岸沿线有重兵把守的城堡，能够震慑海盗。

维京人很难进入地中海，一是因为摩尔人的舰队很强大，二是地理原因。若要从大西洋进入地中海，所有的船只都必须经过最窄处只有13千米宽的直布罗陀海峡。如此一来，路过此地的舰队必定会被摩尔人发现，并会遭到攻击。摩尔人的桨帆船就像希腊的德罗蒙战舰一样，在战斗中总是比维京长船更胜一筹。幸运的是，摩尔人不知道希腊火的秘密。如果一支劫掠舰队能成功进入地中海，就可以获得不少战利品，但是它还必须离开地中海，肯定有一支警惕的舰队在前面等着——而且它很可能正急于复仇呢！

— 7 —

战役中的生活

想要取他人的性命或财富的话，就要早早醒来。

——《高人的箴言》

× | × | × | × | × | × | × | × | × | ×

战役中并不全都是战争和掠夺。甚至在绝大部分时间里都没有战争和掠夺。你在大部分时间里都是坐在营地里，谈论战争和掠夺，而不是实际去做。你可能会在路上被雨淋湿，会因为行军而腿脚酸痛，或者，如果走运的话，因为骑马而腰酸背痛，还可能饿肚子。很容易区分新兵和老兵：新兵闯进房子后会先找财宝，而老兵则先找储存的食物。如果想有效率地打仗和劫掠，军队需要保证安全、舒适，以及最重要的填饱肚子。

谋　划

谋划战役时，充分的情报必不可少。你需要考虑该地区的政

图中的木雕展现了一支庞大的维京舰队停靠在敌人海岸上的景象。这个令人激动的场景可能是某位战士在营地里打发时间的时候雕刻出来的。

治形势。流亡者、拥有重要身份的人质，还有商人，都是良好的情报来源。政治上的窘境，比如继位之争和内战，都值得利用。要是趁着基督徒过宗教节日发起劫掠，他们肯定会大吃一惊。842年，挪威维京人不费吹灰之力就占领了南特，因为当时整个城镇都在庆祝基督教节日施洗者圣约翰日，根本没有人防守。

找一个友好的商人。他们知道现在哪里是最繁荣的贸易中心，知道它们的防守状况和去那里的路。他们也知道最近的收成如何。请避开闹饥荒的地方，毕竟你无法凭借那里的土地喂饱自己。维京人在法兰克王国进行的最后一次战役在892年结束，原因就是缺少食物，而不是敌人的抵抗。

请记得向神灵寻求建议。其途径一般是抽签。首先从有果实的树上取下一根树枝，将它做成数根小木棍，在木棍上刻上记号，再把它们撒到一张展开的布上。预言者会随机拿起三根木棍，根据棍上的记号，对你问的问题做出"可行"或"不可行"的回答。如果是不吉之兆，就得改变计划，因为区区人类不可以违抗神的意志。大概在851年，一支丹麦军队计划劫掠位于瑞典的贸易中

150

从左至右分别是：独眼的奥丁，舞锤的托尔，丰饶之神弗雷。出征时一定要征求众神的意见，尤其是找智慧的奥丁——他有很多东西可以教给你。

心比尔卡。预言者抽完签，宣称众神反对他们的计划，于是他们变更了计划。丹麦人再次问他们应该去哪里，结果被告知应该去抢劫一座文德兰的城市。文德人对此次劫掠毫无防备，于是丹麦人载着满船的战利品回国了。这件事说明，严肃对待预言总是没错的。

女预言者可以和魂灵交流，以此预知未来。她们接近魂灵的方法有：念咒，唱歌，在仪式场合食用多种动物的心脏。女预言者的魔法十分危险，她们可以用魔法杀人、操纵他人的心智、偷盗物品，以及制造海难。请记得恭敬地对待她们。

带一把铁锹

丹麦人是那里的北方人之中最强大的族群，从未听
说他们在任何防御工事中被俘虏或被征服。

——《伏尔达年代记》

去抢还远远不够。当你抢到了，你还得留得住，因为战利品
的前主人很可能想把它弄回来。因此，建造防御工事就成了维京
人的一项关键能力。

当一支劫掠舰队首次登陆时，舰队会距岸一定距离抛锚，以
保障安全，再派遣斥候登陆，检查是否有敌人。上岸后要做的第
一件事就是扎营。一旦军队上岸，船只就容易受到攻击，所以需
要保护船只。你不能让它们就这样躺在岸边。船非常宝贵，敌人
会尽可能地偷走这些船，如果时间不足或人手不足，他们也会把
船付之一炬。如果船没了，你也无路可退了。在"海猪战术"（见
第8章）中，大家在掠夺的时候，必须留人保护船只。如果规模
更大的部队参加一场长达一个季度，甚至更久的战役，那就得建
一个小型堡垒来保护船只、战利品和物资。在营地受到攻击时，
这座堡垒还可以用作军队的紧急避难所。长船不能运载太多的货
物，所以你在上岸后要马上组织小队去寻找食物。

有时你不得不在营地住上几个月，所以你最好找一个避风、
排水良好的地方扎营。最理想的位置是一个避风的河口往上游一

小段路的地方，这一小段路最好能让你迅速进入大海，又不至于让敌人的舰队出其不意地劫掠你。理想状态下，你还应该在更广阔的角度考虑营地的战略位置。892年，哈斯泰因在肯特北部的弥尔顿溪岸边建造堡垒。从那里，他可以直抵肯特肥沃的农田，可以沿着泰晤士河向西航行，可以穿过河口到达东盎格利亚，如果情况有变，还可以向东前往法兰克王国——这确实也是他最后的做法。

防御工事不需要很复杂。背靠水域建造一个简单的U形土墙，前面挖好沟渠，墙上设置木栅栏，这就足以防止敌人突然劫掠船只。在土墙上插入削尖的树枝可以增加敌人进攻的难度。重要的是，土墙的长度要和能用来布防的人数相匹配。按照英格兰人的习惯，大概每个人要负责防守1.2米长的墙，这和盾墙里的情况差不多。如果当地农民还没有全部逃走，可以逼他们给你挖土。如果他们知道好歹，就会马上干完活。河流中的岛屿是另一个不错的选择，而且不需要修建防御工事。去年夏天，奥拉夫把他的军队驻扎在布莱克沃特河口的诺尔思岛，一切都非常顺利。

如果军队在同一个地方驻扎的时间超过一个季度（在爱尔兰的维京军队就经常这样做），让当地农民花时间和力气来给你干活是很划算的。你可以让他们建一些像样的房屋来抵御寒冬，用大块草皮或木材覆盖在土墙上，加强营地的防御。不要为此感到内疚（其实你也不会），毕竟他们的领主也不会对他们更好。没人尊重农民，而这就是你成为维京人的原因，还记得吗？如果你不想

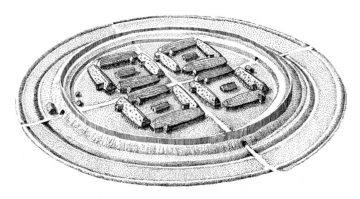

丹麦国王"蓝牙"哈拉尔德在日德兰半岛的菲亚卡特建立的维京营地。别指望你在出征期间建立的营地会如此整洁有序。

隔几年就被迫重修栅栏，可以先把木桩的尖头用火烤干烤硬，再打进地里。这样做可以防止木桩腐烂。

当军队开启夏季掠夺之旅时，你会难以决定留下谁负责守卫。不会有很多人自愿留下，因为这样会错过劫掠的乐趣。而留下太多人的话，就有可能削弱军队在战场上的力量。但如果留守的人不够多，敌人可能会攻破你的营地，抢走你的船只，带走所有你留在营地里的战利品和俘虏。即使是最优秀的领袖也可能犯这样的错误。893 年，阿尔弗雷德的手下占领了哈斯泰因在东盎格利亚的营地，哈斯泰因损失惨重，他的家人也落入敌手。

有些时候，放弃你的船是值得的。865 年入侵英格兰的丹麦人不打算回国，而是将所有的精力放在了征服领土上。就算一支军队没了船只，那也不会全盘皆输。891—892 年入侵法兰克王国

维京人也讲道理，为什么大家都这么怕维京人呢？

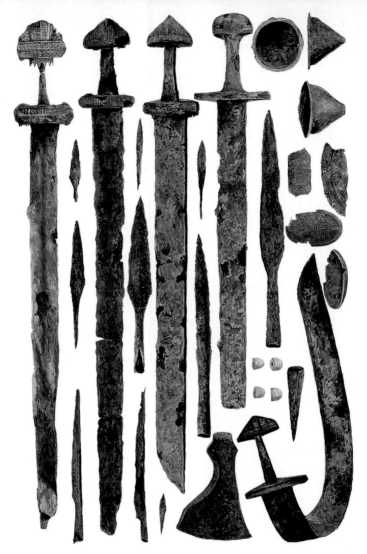

▲ 按照传统，战士下葬时也要埋下他们的武器。但是图里这样把武器折断或弄弯的做法，是为了防止死者的鬼魂拿它们来报复活人。

▶ 船上的战斗和陆上的战斗没有什么区别。你可能还得像图中的长矛兵一样，筑起盾墙来抵御登船的敌兵。

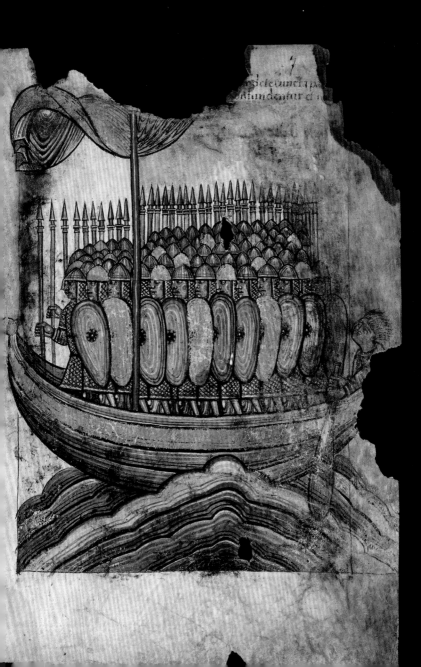

▲ 一位富有的罗斯小姐的宝藏。椭圆形胸针来自斯堪的纳维亚，但其他东西可能是她的男人从斯拉夫人那里抢来的。

◀及▶ 配得上一位国王的战利品。图中差不多有500件银臂环，而这只不过是其中的一部分而已：另外还有1.4万枚阿拉伯的银币，以及各种值钱的东西。有人将它们埋在了哥特兰岛，却没能再把它们挖出来。挖到它们的农夫肯定不敢相信自己竟撞了大运。

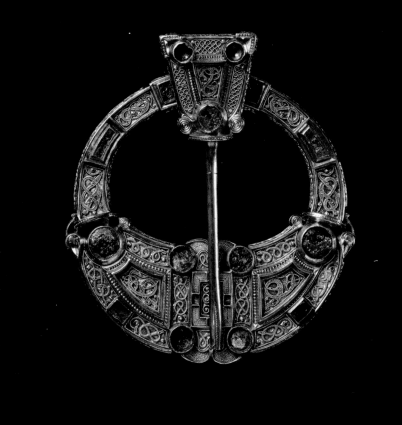

▲ 哥特兰人知道如何缅怀死者。岛上到处都是图上这样的精致墓碑，碑上刻着神灵、战斗和航海的场景。

▲ 木雕艺术吸引了斯堪的纳维亚最优秀的艺术家。图上的木雕展示了传说中的铁匠雷金重铸神剑格拉姆的场景。

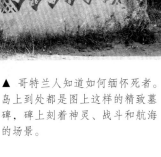

◀ 维京人通常把所有东西都切碎，以便分配战利品。这枚精致的胸针一定是受到了某个重要人物的青睐。他把它收为自己的战利品，送给了他的爱尔兰女友梅尔布里格达，梅尔布里格达用如尼文把自己的名字写在了胸针上面。(上图)由熔化、重铸的碎银制成的臂环。臂环既方便携带，又方便用来炫耀。(下图)

▲ 首领的大厅。图中展示的是它的外观，但在成为维京战士之后，你可以进到里面，与首领同坐在贵宾席上，一起大快朵颐。

▼ 没钱买一艘真的长船来陪葬？没关系。你的家人可以在你的坟墓周围用石头垒出船形。关键是要动脑。

的维京人把他们的船丢在了佛兰德斯，但是当他们决定前往英格兰时，他们强迫法兰克人提供了新的船只。

冬歇

> 886年2月，一支东法兰克军队被派往高卢，去抵挡接近巴黎的北方人。然而，当他们到达那里的时候，北方人早就带着所有东西藏在了堡垒里，他们不想也不敢和法兰克军队交战。
>
> ——《伏尔达年代记》

战役通常在冬季停歇下来。那时天气状况不好，道路泥泞难行，马匹也因为缺乏鲜草而病恹恹的。军队没法在漏风的帐篷或临时的棚屋里挺过整个冬天。寒冷、饥饿和疾病可以像战败一样迅速摧毁一支军队。如果你到冬天还没有带着战利品回家，那么是时候找个舒适的地方过冬了。你最好是能占领一个敌人的据点，或者一个有现成房屋和防御工事的城镇。如果没有防御工事，那就自己建，像丹麦人在880年的奈梅亨和891年的鲁汶所做的那样。你不太可能遭到攻击，因为敌人在冬季通常也会按兵不动，但你也别沾沾自喜。古斯鲁姆就是在878年1月发起进攻，几乎攻占了威塞克斯全境，当时阿尔弗雷德以为丹麦人在冬天会好好待在炉火边取暖呢。你要记得随身带着武器和盔甲，而且武器要磨得锋利，以防万一。

说完了安全和住所的问题，突袭部队在冬季最紧迫的问题就是寻找充足的补给。打仗的人吃得饱才有战斗力。这其实等于说，一支 1000 人的军队每天差不多要消耗 1000 千克面包、500 千克肉，最少需要 1000 升啤酒。

在夏天行军时，小型队伍可以轻易地凭借从路过的村庄里搜集的物资填饱肚子，甚至大型军队也可以做到。但是在冬天，如果管理不善，任何在原地待上 6 个月的军队很快就能耗尽当地的食物，然后开始挨饿。871 年哈夫丹的手下在雷丁过冬的时候就是如此。维京人不得不扩大寻找粮草的范围，会为发现一袋粮食种子而欢欣鼓舞，高兴的程度丝毫不亚于去年夏天发现一个装满银子的袋子。西撒克逊人则会毫不留情地惩罚他们，派出数队骑兵去乡间巡游，寻找掉队的维京采粮兵，将其杀死。

一些基本的提示：

· 不要在夏天你已经掠夺过的地方过冬。如果你抢得干干净净，那就没多少可吃的了。

· 智慧至关重要。等到地主和教会向农民收完了租金和什一税的时候，当地的农民不会留下很多食物过冬。你可以找到这些地主和教会存放粮食的地方，把这么多他们不该得的东西给拿走。

· 你可以放商人进营地跟你做生意。按照传统做法，你可以在一根杆子上挂起一面盾牌，然后打开营门。

· 随着时间的推移，收集粮草的人需要走出越冬地点的安全范围，去越来越远的地方寻找食物。请确保他们人数足够多，以便在遭遇敌军的情况下自卫。

· 把军队分散到乡下各处可以更容易地收集食物，但是风险也是显而易见的。如果你想这样做，就必须先确保敌人不会在这种情况下发动突然劫掠。

· **小提示：**（这是来自奥丁的忠告，出自《高人的箴言》。）行军的时候，必须一直紧握你的武器——长矛随时可能派上用场。

手持剑与矛的奥丁

马　匹

不是所有地方都可以乘船轻松到达。虽然没有了溺水的危险，但走陆路比走水路要慢得多，尤其是不得不用脚走的时候。在潮湿的天气里，你基本上只能在泥泞中艰难行进。由于速度是维京劫掠能否成功的关键，所以靠脚走可不行。如果你不想只在沿海地区搞"打完就跑"的突袭，你就需要马匹。

你可以把马放到长船上，但它们不能充当好的水手，不会划桨，还特别占空间。892年，一支丹麦军队从法兰克王国前往英国的时候带上了他们的马，但这只是从布洛涅到肯特的短途航行，不到一天时间。比起自己带马去，到目的地之后再弄马要更容易，也更经济。当地人可能会特别高兴地给你送马，而不需要你来硬的，因为他们希望你赶快骑着马离开，去抢别人。当然，你还可以稍后再抢劫他们——865年伊瓦尔和他的丹麦军队入侵英格兰时就是这么干的。他们在东盎格利亚过冬，然后强迫当地人给他们提供马匹。当丹麦人骑着马去攻打麦西亚和诺森布里亚时，东

让马匹下船，登上敌人的土地。在陆地上马匹能为军队提供非常重要的机动性，却很难用船进行远距离运输。一般来说，登陆后在当地弄马匹是更好的做法。

盎格利亚人心想他们最好不要再回来。结果丹麦人三年之后又回到了东盎格利亚。

·**小提示：**如果你有选择的余地，不要选浅色的马。浅色的马在黑夜里太显眼。

你一定要记住，得手容易出手难。你结束战役后回来时，肯定比去参加战役时要慢得多。如果一切顺利，你会源源不断地得到战利品。钱币、银器这些东西容易搬运，可以装进袋子里，用马匹或马车运送。但最值钱的战利品——奴隶只能步行，你要花上好久才能让他们到达奴隶市场。或许你可以用一些温和的激励手段，让他们一直走下去，同时必须时刻盯紧他们，以防逃跑。当然了，你肯定还需要一些牲畜来驮给养。

作战完毕时，整个乡下都将处于高度戒备状态，如果你还没有和村民开战并打败他们，敌人会有足够的时间来集结兵力。你在田地里点火后，敌人会凭借烟火知道你在什么地方。如果他们还有点脑子，就会知道你把船留在了哪里，或者知道你把冬季营地建在了哪里，并因此知道你将要去哪里。也就是说，你会失去你一开始的优势——机动性和出其不意，所以你现在更脆弱。如果遇到了一支强大的军队，你最好丢掉战利品赶紧逃跑，而不是和他们硬碰硬。当敌人"解放"你的战利品的时候，你会有足够的时间逃跑。下次总会有机会的。

·**小提示：** 行军时可以在鞋里放艾蒿（普通的艾草），

这有助于缓解疲劳，也有助于赶走邪灵和

野兽。

保持干爽

又湿又冷的环境会让人很不舒服。农民可以躲在家里，但出征的战士可能要在户外待上一段日子，所以请带上一件好斗篷。海豹皮的最好，但是很贵。涂了油脂的皮革斗篷也很好用，不过需要在缝线的地方不断重新上油，这样才能保持防水的功效。生羊毛（未经过清洗或染色的羊毛）制成的斗篷含有天然油脂，也可以防水，但是在长时间经受雨淋之后会变得很重。定期涂油可以让皮靴防水。海豹皮做的鞋子或靴子的防水性能最好。

几双时髦的皮鞋，由最优秀的维京工匠制作。它们可能看起来很棒，却不能让你的脚在雨天长时间保持干爽。

传　信

在海上、出征时和战斗中，都用号角来传信。你得学会分辨不同号角声的含义，知道哪些号角声分别代表靠岸登陆、准备武器、结束劫掠、开战、前进或撤退。

女　人

只有在萨迦之中，女人才会像战士一样战斗，但没有军队可以轻易离开她们，这不仅仅是因为女人能在晚上给男人暖床。许多战士带着自己的妻子甚至孩子一起出征，还有许多战士在途中娶妻、纳妾、收获女奴。

如果要把女人算成军队的累赘，那只是因为她们需要保护。正是因为妇女承担了大部分家务劳动，营地里的生活才不致太让人难受。她们做的工作有：做饭，酿酒；浣洗、缝补衣物；伺候男人洗澡穿衣；照顾病人和伤员。因为有女人，所以男人可以放手去战斗和寻找食物，或者只是简单地坐着喝酒谈天。

女人也可以通过羞辱男人来让他们更卖力地战斗。没有哪个男人会喜欢自己的女人把自己当成懦夫。885 年，维京人劫掠巴黎时，由于防卫力量太强，他们从城墙下撤退，因为绝望而抽泣，撕扯自己的头发，而女人的嘲讽促使他们回去再战。

两个妇女，她们可能像往常一样在说闲话。维京军队一般都需要几个女人来帮忙做饭、洗衣、缝纫，以及照顾病人。一些男人会带妻子一起出征，其他的则在当地娶妻。

个人卫生

每个人都应该在清晨梳洗，

并吃饱肚子，

因为没人可以预知自己晚上将在哪里。

——《雷金的歌谣》

维京人向来为他们洁净的身体和梳洗整齐的毛发感到自豪。出征也不是不爱干净的借口——可别让英格兰的女孩子失望，她们觉得维京人比肮脏又臭烘烘的英格兰男人有魅力多了。如果可以的话，每天早上梳洗一番，每一周洗一次澡，无论你需不需要这么做。不要浪费热水，你洗完之后别人还能用。可以带上一把精致的骨梳，每天用它梳理头发，保持整洁。定期清洗衣服。如果你妻子没有来，那就赶紧找别人来给你洗。

在营地里，疾病可以迅速地传播，杀伤力比战斗还强。最致命的疾病是痢疾，也叫血痢。拉肚子去世的人可无法进入瓦尔哈拉殿堂，所以让我告诉你怎么治疗，这样在没有医生的情况下，你就可以处理了。首先，给病人喝甘蓝（野白菜）的汁，让他吃一碗豌豆、醋和韭菜做的汤，或韭菜、车前草、过熟干酪、山羊奶和山羊脂做成的杂烩。如果病人开始好转，给他吃烤奶酪和干面包，给他喝玫瑰水和酸葡萄酒，直到他完全康复。

虱子可以让最坚强的战士痛苦不堪，所以出征的时候一定要带一把好梳子。

打发时间

军营生活可能很无聊。你会把主要时间花在喝酒、女奴和吹牛上面，和在家里一样。记得保持战斗的训练，与同伴比赛摔跤、击剑、投掷长矛和射箭都是战斗训练的项目。任何首领是国王或雅尔的军队都可能拥有一位吟游诗人，他为战士们吟诗取乐，创作诗篇歌颂首领的英勇。用木头或皮革可以很容易做出混战游戏（knattleitr）用的球。骰子在包里不占空间。而只需要在平坦的木板或石板上划几道就能轻松制成板棋（hnefatafl）的棋盘，而任何东西都可以拿来计分。

骰子游戏、棋类游戏、球类游戏、赛马、喝酒比赛，甚至是两只在长船船头爬行的苍蝇，都可以拿来做赌注，而且赌博很受欢迎。小心输不起的人和老千（比如带着铅心骰子的人）。赌博纠纷经常演变成

一块质量不错的板棋棋盘。如果你不想让棋盘在包里占空间，可以在木板或石板上划出棋盘来。

暴力行为，还可能破坏友谊。许多战士在成功劫掠之后却空手而归，因为他们一赌博就停不下来。

安　全

出征的时候很难保障值钱物品的安全。这就是发明臂环的原因之一，因为这样战士就可以安安全全地把自己的钱财戴在手臂上。最安全的做法是在地上挖一个坑，把战利品埋进去，不过要确保地面上有可以辨认的特征，这样你才可以根据这些特征找到埋藏的东西。但如果你的军队战败了，或许你要等上好几年才有

机会把东西挖出来。如果你被杀了，或许多年后会有走运的农民发现这笔财富。

哈夫丹到此一游

维京人的足迹遍布各地，那些会写弗萨克文字（如尼文的一种）的维京人喜欢把自己的名字刻在显眼的地方，比如神像或教堂里的柱子上，这样当地人就不会忘记他们（就好像烧了当地人的城镇和修道院还远远不够似的）。

维京人在探索格陵兰岛时留下的一串不常见的如尼文涂鸦。

$$- 8 -$$

战　斗

战斗要坚定，但不能鲁莽。

——《国王之镜》

× | × | × | × | × | × | × | × | ×

毫无疑问，战斗是获得荣耀的最可靠途径。但只有疯子或狂战士（都差不多）才会忙着投入战斗，因为战斗结果是个未知数。你得先权衡风险与收益。

权衡利弊

风险：

- 你可能会输：历史上，维京人输掉的次数不比赢的次数少。一场失败可能毁掉你整个的夏季突袭计划，甚至让你以超乎预想的速度坐在瓦尔哈拉殿堂喝蜂蜜酒。
- 你可能需要再组织一支新的希罗：就算指挥官能在战败后

活下来，他的声望也会大受打击，麾下的战士（还活着的）不久就会另投他处。

收益：

- 你可能会赢：历史上，维京人胜利的次数不比输的次数少。当敌军死的死、逃的逃，剩下的士气低落之时，你可以随心所欲地掠夺，在收取贡金的谈判中也拥有极强的优势。

- 你可能变富：胜利会让指挥官名声大噪，也会让他有大把钱财来奖励给战士。战士都喜欢自信、能干、慷慨的指挥官。一个经常拒绝开战的指挥官可能被人认为是懦夫，最后失去他的战士。

- 一个证明自己的机会：战斗是所有勇士的最佳舞台。不论你是自由民还是国王，都可以通过勇敢的战斗来赢得个人的名声。光荣的战绩可以帮助年轻的战士引起别人的注意，从而建立起他的名声。像英雄般战斗的战士，即使战败或者死亡，仍然可以增加自己的名声。

权衡完风险和收益，可以看出收益更多一些。对进攻者维京人来说，胜利带来的益处大于失败的代价。而对于防守方来说，失败的代价大于胜利所带来的益处。

大规模战斗在维京人那里不太常见。有些人成为维京战士，只活动几个季度，目的只是挣到足够买一个农场的钱，他们可能从头到尾也不会碰上一次真正的战斗。战斗之所以不常见，是因为失败的代价太大，尤其是对受害者来说。法兰克人、英格兰人等维京劫掠的受害者常常不愿战斗，表现得极其怯懦，而愿意花钱了事。但是如果从他们的角度想一想，如果他们打了却输了，他们的整个国家就任由维京人宰割，还得向维京人纳贡。

对于维京人的对手来说，参加战斗可就没有这些好处了。他们是在自己的国家作战，所以没有机会用掠夺来抵消战斗带来的成本和风险。对于防卫者来说，保住一支军队远比把一切都赌在战斗中要好得多。因为只要在战场上驻扎一支军队就可以限制维

如果你去瑞典海岸之外的哥特兰岛，你会看到一些壮观的石碑上刻着战斗的场景。这些场景展现了传说中的战斗，还画着战死的战士被光荣地迎入瓦尔哈拉殿堂时的景象。

京人的行动，使维京人不能自由地行动和掠夺。对维京人来说，胜利的回报要高得多，但即便如此，也有很多东西不用经过战斗就可以得到。明智的指挥官只会在有把握的时候开战。

有准备才能打胜仗

1. 指挥官必须选一处对己方有利的战场，提前把战士排成最佳阵型。否则一旦战斗开始，再采取行动就太晚了，因为……

2. 指挥官必须在前方战斗。维京战士希望跟指挥官并肩作战，这会激励他们像指挥官一样奋力厮杀。指挥官在前方战斗时要跟麾下的战士一样面对敌人的进攻，这样可以提振手下的士气。但还有不利的一点：第一支矛掷出之后，指挥官四周都是叮叮当当的兵器碰撞声，他就难以掌控整个战局了。

3. 无论你是步行还是骑马前往战场，都要做好步行作战的准备。即使是指挥官也不能在马上作战——因为这样一来指挥官就可以在战败后骑马逃走，将用脚走路的手下抛在身后，让他们听天由命。每个战士都对此很清楚，所以骑马作战对士气不利。马匹要被送到后方，由人保护。

4. 旗手需要是一个优秀、勇敢和可靠的人。旗手没有多少自卫的手段，也是敌人的首要目标。在战斗中，战士通过旗手的位置得知命令，所以如果军旗倒下或被敌人缴获，战士们会乱成一尽管四周的同伴纷纷倒地，但旗手依然高举军旗。要成为一名优秀的旗手，需要非凡的毅力和勇气，因为他必须与领袖站在阵前，却无法妥善地保护自己。

锅粥。不仅是维京人，所有的战士都认为自己的军旗被敌人缴获是一件很丢人的事情。同样地，他们也会为缴获敌人的军旗而欢欣鼓舞，因为他们知道这会极大地影响敌人的士气，也是促使敌军全面溃败的最好办法之一。

·**小提示：** 如果你要和奥克尼的雅尔"顽强者"西格尔德并肩作战，请千万拒绝他让你当旗手的要求。给西格尔德当旗手可不是荣誉，而是死刑。西格尔德的军旗是著名的乌鸦旗，是他的女巫母亲为他制作的。乌鸦旗可以确保西格尔德打胜仗，但手持旗帜的人却必死无疑。在最近的一场与苏格兰人的战斗中，西格尔德总共死了三名旗手才最终获胜。

挑选战场

挑选战场的关键在于选择和利用障碍物。

一些有用的障碍物：

- ·沟渠
- ·森林
- ·悬崖
- ·河流
- ·岩石

选择战场的一方可以获得强有力的初始优势。最好是选一个开阔的战场，这有助于指挥官看清战斗形势，结成战阵也更容易。想打防御战的指挥官应该设法找一个位置高的地方，或者找一个有**天然屏障**的地方。规模不大的屏障也可以发挥效用。人可以很容易跳过田野上的沟渠，但是如果有几百个手持长矛的人站在沟渠的那边，那就完全是另一回事了。

大多数军队在战斗中会结成类似直线的阵型。规模较大的军队总是更具优势，因为它不用转移中间的兵力就可以从两边围住规模较小的军队。为防御战做准备或试图抵抗全面进攻的弱势军队，应设法让侧翼紧贴一道**难以逾越的屏障**，如河流、悬崖或密林。如果没有这样的屏障，弱势军队的指挥官容易遭到包围。如果他列阵应敌，盾墙相交之后，很有可能被敌人从侧翼围住；但如果他将盾墙拉长，跟敌人的对等，那么他的盾墙会更脆弱，更容易被击破。

想与敌人全面交锋的指挥官必须注意，不要选那种看上去完全无法被攻破的位置，因为这样可能会吓跑敌人。其中的小窍门就是选一个乍看之下易攻难守的位置，没错，这次还是找一个**障碍**，找一个看起来可以轻松绕过去的障碍，但在实战中它会打乱敌军的阵脚，破坏敌军阵形。比如说：沼泽地，远处看不见、又短又陡的青草坡，小块的岩石，或者隐蔽的小沟。以上障碍都能满足要求。

但是，千万不要找一个四面都是障碍的位置！一定要想好怎么逃跑，以防万一。比如，尽量避免背靠河流或悬崖作战。在891 年的代尔战役中，法兰克人将一支维京军队困在河岸上，数百名想要逃命的维京人淹死在河里，2 位国王被杀，法兰克人缴获了 16 面军旗。

指挥官喜欢在战斗开始前发表演讲激励士兵，让他们充满斗志，让他们燃起对敌人的怒火，告诉他们胜利后能获得不少战利品，让战士明白自己身上都背着什么样的期望。指挥官会更加关注经验不足的战士，检查他们手持盾牌和武器的姿势是否正确，确保他们知道各自在战线上的位置，明白定好的号角声的含义，认识己方领袖的旗帜，这样他们才知道往哪个方向进军、紧急情况下在何处集结。

公平竞争

如果双方都同样渴望战斗，那么有时敌对双方的指挥官会派特使事先达成一致，划定战场。他们将尽量选择一个对双方都没有明显优势的开阔平坦的地点，以力量和战技定胜负。

埃塞尔斯坦遣使前往国王奥拉夫处，向他发起挑战，划定温纳森林边上的温纳荒原（布朗南堡，937 年）为战场……开战时间定在一个星期之内，先到的一方须等待另一方一个星期……奥拉夫派一些部下去战场挑选建营地的地点，为部队主力做好了准备。他们来到选定的战斗地点时，［埃塞尔斯坦的人］早已插好了榛木杆，标出了战场的范围。他们仔细查看地面，看地面对一支大军列阵来说够不够平坦、够不够大。这个地方还算差强人意，地面平坦，一边是河流，一边是森林。

——《埃吉尔萨迦》

两军在盾墙中对峙。注意战士的盾牌微微重叠，这表明他们的阵形紧凑有序，已经做好了战斗准备。

- **小提示：** 避免在雨天战斗。浸湿的弓弦会变得松松垮垮，光滑的皮靴会让我们在湿草或湿泥地里摔倒。在这种情况下，没人能让盾墙的阵型保持完整。

尽情秀吧

在战斗开始前设法提振士气，就像已经打了胜仗一般。

- 用心打扮外观。在战斗的前一晚擦亮你的武器和盔甲。展开你的旗帜并得意扬扬地挥舞，好像你已经赢了一样。指挥官应该穿显眼、独特的衣服，以便麾下的战士在战场上辨认。

- 制造高分贝的噪声。尽你所能地大声吼叫，用武器敲打盾牌。吹响战争的号角。让敌人知道战斗结束后你会对他们的妻子和女儿做些什么。

- 如果有机会，在战斗前大吃大喝吧。如果你又饿又渴，可能没等到战斗开始你就丧失了士气。但是千万不要喝醉。酒可以壮胆，但它会妨碍你的判断力，记住奥丁的忠告："男人喝得越多，他知道的越少。"

- 向你信仰的神祈求成功：他们可能不会保佑你，但祈祷也没什么坏处。奥丁是战神，但他主要是国王和狂战士的神。雷神托尔是普通人最能够依靠的神，他会用他的雷霆之锤妙尔尼尔来保护神和人类。弓箭手和那些单打独斗的人得向弓箭手之神乌尔祈祷。

战例分析

在去年夏天的马尔顿之战中，两军指挥官都渴望战斗，但两军实际上都位于易守难攻的位置。奥拉夫率领的维京军队驻扎在河口的一个岛屿上，该岛经过一条狭窄的堤道与陆地相连。贝莱特诺特的英格兰军队驻扎在岛屿对面的陆地上，占据着堤道的另一端。维京人试图跨过堤道开战的时候，被仅仅三个英格兰战士轻松挡住了。如果换成是英格兰人想要去岛上，也会被维京人轻松阻止。贝莱特诺特担心，如果维京人不能被拉入战斗，就可能乘船离开，攻击其他地方。于是他故意放弃了在堤道尽头的位置，往后退却，让维京人过来。贝莱特诺特成功开战了，但打输了。

- 对狂战士来说，现在应该陷入战怒，咬着盾牌，发出怒吼，投入战斗。确保敌人能看到狂战士、听到狂战士的怒吼——这一定会让他们丧失勇气，因为狂战士的残暴人尽皆知。
- 维京人传统的开战方式是向敌军投掷长矛。这是为了向奥丁致敬。奥丁的长矛冈格尼尔能在世间引发战争，还拥有决定战争结果的神力。

会发生什么

每一个雄心勃勃的战士都想知道战斗究竟是怎样的。无论哪一个老兵都会告诉他们，说再多的话也无法真正让他们为第一次战斗做好准备。如果你能在战斗中活下来，你就会真正理解为什么战士比其他人更值得尊重。

许多老前辈说，战斗开始前的等待时间是最难度过的。狂战士能够让自己无所畏惧，陷入战斗的狂热，但大多数普通人会经历焦虑和恐惧，会尽可能地鼓起勇气，排解恐惧。记住，每个人的命运都是注定的，你随时都可能面对诺伦女神的审判。不管你做什么，死亡在该来的时候总会来，所以你不妨勇敢地战斗，希望自己的性命不会在今天结束。

除了对死亡或受伤的恐惧，如果你是第一次参战，你也可能担心自己是不是没有想象中的那么勇敢。懦夫会面对最严重的羞

一个身穿链甲的国王率领战士在前线战斗（尽管在战斗中大多数人更喜欢戴头盔而不是王冠）。领袖和麾下的战士担负同样的风险，这非常重要。

辱，被当成"废人"，但是让战士坚守阵地的不是对丢脸的恐惧，甚至不是勇气，而是战士之间的忠诚这一强有力的纽带。无论战斗多么激烈，就算冒着生命危险，也很少有人会抛弃战友。无论什么时候，无论你多想逃跑，站在盾墙前面的你都逃不掉，因为身后有人在推你向前走。

两军接近，距离小于远程武器的射程时，双方开始投矛射箭，战斗通常就此开始。两军都希望在近距离战斗开始之前扰乱对方的阵形。位于前排的士兵最容易吃到天上飞来的长矛。从天上降下的箭矢能伤到战阵各个地方的人。如果你没有戴头盔，你的头颅就是完全暴露的，但是如果你举起盾想挡住箭矢，你的身躯就会暴露在长矛之下，因为长矛的飞行轨迹相对较低、较平缓。

盾墙相接之后，投射武器的雨点会渐渐平息。这时位于战阵最前面的人处于最艰难的时刻。长矛、刀剑和斧头此时有了用武之地，不断向躯体和盾牌猛刺、劈砍，刀剑相交之声震耳欲聋。拥挤的士兵使得武器难以发挥最大效力，而且只要大家的盾牌都紧紧靠在一起，伤亡人数就会非常少。第二排的战士处于敌人的攻击范围之内，他们可以用矛戳刺敌人，但也会被敌人伤到。但在这一阶段的战斗中，后排的士兵除了能够起到支撑战阵的作用，其他方面的作用微乎其微。前排的战士倒下时，他们身后的战士则要往前填补盾墙的空位。

> ［林格维国王］和他的兄弟们以强大的力量向西格尔德发起进攻，双方之间最激烈的战斗开始了。无数长矛和箭矢在空中飞舞，无数利斧猛劈，无数盾牌被砍烂，无数铠甲开了大口子，无数头盔被劈开，无数头颅被斫开。尸横遍野。
>
> ——《伏尔松格萨迦》

所有地方均陷入混战。所有人都专注于自己眼前的战斗。除了你两侧的战友和前方迅速逼近的敌人，其他的你什么也管不了。你可能对整场战斗的计划知之甚少，最好的方式就是根据指挥官的旗帜行动。如果旗帜在向前进，那你就尽全力向前推进——此时战斗进行得很顺利。如果旗帜在往后退，那你就缓缓后退，以保持盾墙的完整。

既要保护自己，又要有效地打击敌人，不容易同时兼顾这两件事。为了用力挥动武器，你就得暴露出右侧的大部分身体。这时你能给敌人造成伤害，同时你自己也是最容易受到攻击的。你必须冒险，毕竟如果只保护自己的安全，就没办法取胜。

人们筋疲力竭、盾牌粉碎之时，伤亡人数开始上升，地面布满了鲜血和内脏，变得滑溜溜的。你可能被尸体和垂死挣扎的人绊倒——站起来！摔倒是非常致命的。许多人都会照着你毫无防护的脚和小腿攻击，想让你再也站不起来。即使你受的伤不严重，在拥挤的人群中再次站起来也十分困难。即使你没有被敌枪刺死，也很有可能被自己人踩死。在一场长时间的战斗中，如果你够幸运，双方可能安排中途休战，以便双方处理伤口、把伤者转移出战场。

你将看到被开膛破肚的人痛苦地尖叫，看到被砍断的四肢和头颅，看到不断涌出的鲜血。刀斧几乎可以把一个人劈成两半，让脑子和肠子到处都是。诗歌中描写的这种可怕场景由此出现在现实中，不过谢天谢地，你到战斗结束之后才有时间去思考这些问题。

某一个或某一小群战士也许能成功突破敌人的盾墙。如果支援不能迅速跟上，敌人的盾墙会在他们身后愈合，他们会被截断退路，遭到包围。不管他们多么拼命，被切成肉酱也只是时间问题。如果能向突破口不断支援，将突破口越撕越宽，防守方的盾墙可能最终崩溃。到这个时候，许多战士开始失去勇气，害怕被杀，开始逃离战场。而那些仍然怀有勇气的人应该设法突破敌人的防线，集中到己方指挥官的旗帜之处。

· **小提示：** 把备用盾牌扔给受伤的士兵可以防止他们受到更多伤害。

什么时候开始逃跑？

盾墙里的人开始弓起身子、缩成一团是战势恶化的明显迹象。如果攻击如雨点般从四面八方袭来，这是很自然的举动，但它带来的安全感是虚幻的，绝对不可以这样做。如果队伍太过紧凑，以致死了的人无法倒地，活着的不能充分使用武器，那么失败几乎就已经注定了。

如果军队能保持勇气和纪律，战败就不会变成溃败。如果盾墙完好无损，军队可以在不遭受严重伤亡的情况下有序地脱离战斗，尽管这需要抛弃死者、伤员以及他们的战斗装备。在这种情况下，敌人不太可能进行追击，因为战士在苦战之后精疲力竭，难以乘胜追击。如果损失不太大的话，战败的一方可以迅速重整军队，继续进行战斗。

战斗经常不会产生决定性的结果。以前在870年，丹麦人五次攻击西撒克逊人，胜三场，负两场，双方都没有取得决定性的战果。虽然丹麦人撤退了，但他们的实力依旧足以征服麦西亚。他们在几年后返回，攻击威塞克斯。即使在878年阿尔弗雷德赢得著名的埃丁顿之战后，古斯鲁姆率领的丹麦军队仍然很强大，足以让双方协商出一份不错的停战协议。

盾墙倒塌之时，逃跑可能是最佳的选择，但绝不是一个周全之举。如果你逃跑，你就会背对敌人，没办法保护自己。在战斗的这一阶段，伤亡人数会急剧上升，但敌人的追击通常不会持续太久。胜者跟败者一样疲惫，而且通常对死人身上的财富更感兴趣，而不是为了财富去杀人。他们可不想因为追杀你而错失捡东西的机会，所以会很快返回战场。他们掌控了战场，他们胜利的呼喊将传到你的耳边，但至少你还活着。

· **小提示：** 如果不知道去哪，就往旗帜靠。如果看不到旗帜在哪，那你就真的有麻烦了。

面对骑兵冲锋

有些时候，你可能不得不与一支拥有骑兵的军队（可能是法兰克军队）作战。如果骑兵全速冲向你，你应该照着下面说的办，这虽然卑鄙，但是有效：

· 保持冷静，坚守阵地。

· 杀死他们的战马。

· 用自然或人造的障碍物破坏骑兵的冲锋势头。

· 格外小心他们从侧翼攻来。

步兵需要极大的勇气才能站定面对骑兵的全速进攻。在开阔地形中，一群阵型松散的步兵根本不可能抵御骑兵，而一个完好的盾墙可以顶住骑兵的进攻——大家保持冷静即可。马会本能地避开障碍物，尤其是在快要撞上锋利的尖状物之时。骑兵知道这一点，但他们希望他们的对手不知道，还希望对手会在最后一刻转身逃跑。逃跑是非常致命的。逃跑的人背后没有防护，他们的

纪律严明的盾墙在面对骑兵的冲锋时屹立不倒。图上一名战士向马匹挥动斧头，想把骑兵放倒。

背部正好暴露在骑兵的长枪之下。骑兵还可以用剑给他们的脑袋带去致命一击。比起步兵，骑兵在追赶敌人时能追得更远。

如果盾墙坚守阵地，骑兵会在最后一刻转身离开，转而投掷标枪。骑兵投出的标枪的冲击力比步兵投出的大得多，很容易穿透盾墙和链甲。总有人会死，但只要有其他战士从后方队伍中向前顶替空位，盾墙就不会被骑兵攻破。与骑手相比，马匹更容易受到攻击。一旦把马放倒，骑兵就不成问题了。

如果已知敌方有骑兵部队，你可以在战斗前从两方面着手准备。为了保护你的侧翼，你可以将侧翼靠在一些自然障碍物上。这样一来，骑兵就无法利用自己的速度和机动性发动侧翼攻击再使敌方盾墙迅速陷入混乱。当然，这就意味着他们会直接从前方发动攻击，所以可以在防守位置前挖些陷阱来破坏他们的冲击，把马放倒，折断马腿。在盾墙前把削尖的木桩插进地面会很有效。

战斗结束之后

赢得胜利以后，你此时有一个好机会：用阵亡者的装备来重新武装自己。动作一定要快，因为其他人也有同样的想法。除了武器和盔甲，许多尸体上还会有珠宝和精美的衣服（虽然可能已经是血迹斑斑的了）。并非所有躺在战场上的人都已经真的死了。为了不被临死的人拉去垫背，你可以迅速割断他们的喉咙，或者

一场战斗之后，剥光尸体是一个绝不能错过的机会。先拿最贵的东西，比如链甲和剑。

用斧头在他们的头上狠狠地来一下。如果他们受了重伤，无法从战场上离开，他们可能就离死不远了。迅速了结他们的生命也算是帮了他们一个大忙。

有些被打败的敌人如果没能逃走，又希望活下来，可能会向你投降。先把俘虏捆好，看管起来，再想怎么处理他们。囚犯里也许会有地位高的人，你可以用他们去换取赎金。可以把身体不错的囚犯卖作奴隶。但是对需要行军的军队来说，太多的囚犯是行军的负担，所以常见的处理方式是杀了他们。

如果吟游诗人的描述值得信赖，那么曾经有一种在战斗之后进行"血鹰"仪式的习俗，这种仪式将活人作为祭品，献给奥丁神。那个场面想必很不一般。用来做祭品的人祭通常是囚犯，人们会在脊椎两侧活生生地割开他的胸腔，然后把他的肺拿出来撕开，形成鹰翅膀的形状。据说"毛裤子"拉格纳的儿子们在867年用这种方式杀死了诺森布里亚国王埃勒，来报拉格纳被埃勒扔进毒蛇坑的仇。按照以前的传统，人们也会把武器扔进河里或沼泽里，来为胜利感谢众神，但如今人们对众神的尊敬已大不如前。

·**小提示：**不要自愿去处决两名以上的囚犯。众所周

知，如果杀了三个人之后你的脸变了颜色，

相当于说明你也活不久了。

小队作战

虽然吟游诗人在大厅里吟唱的是大规模战斗，但是以小队为单位进行的小规模战斗和烧杀抢掠活动会是你在维京远征中最常有的经历。

"海猪战术" 这是最简单的一种维京劫掠方式，甚至适合一艘船的维京战士去做。"海猪战术"强调见机行事。如果你乘船经过某地，发现海滩附近吃草的牛羊没有人看管，那就可以上岸抓住它们，带到船上，然后尽快离开。别人还没有发现时你早就走得无影无踪了。举例子说明怎么才算是方便掠夺的时机：某个无人看守的寂静渔村，或者一艘只有几个船员的商船。如果对方明显已经发现了你，还有全副武装的人员在等着你，那就别下手。没有人可以时刻保持警惕，你迟早会发现有人放松了警惕。

13 艘海盗船从北方人的土地上出发，试图掠夺佛兰

德斯海岸，却被岸边的守军击退。然而，他们趁守军疏

忽之机，烧毁了几处住宅，偷走了几头牛。这些人试图在塞纳河口发动类似劫掠时，岸边的守军击退了他们，让他们空手而归，并杀死了 5 个人。但是，他们最终在阿基坦沿海成功了一次，彻底洗劫了布安村，满载战利品而归。

——《法兰克王室年代记》

纵火烧房　在国内，为血仇而纵火很常见。但是把纵火的本领用在劫掠他国农场和贵族住宅上也会非常有效。如果可以的话，建议在白天秘密监视想去劫掠的地方。发动劫掠的最佳时间是所有人都应该在呼呼大睡的时候。派人把守大厅的所有入口，如果可能的话最好围住大厅，以防有秘密出口。然后点燃屋顶。浓烟和火焰会把里面的人逼出来，他们根本没有时间把自己武装好。即使他们的数量远超过你们的人数，每次也只有一到两个人从门里出来，这样你可以在门口轻松地把他们杀死。先搞清楚谷仓和外

一个弓箭手在保护他的房子和妻子。一旦劫掠者开始向屋顶放火，他就会被逼出房屋，然后被迅速结果。

围建筑里面有什么，再考虑是否点火，因为里面可能有非常珍贵的粮食储备和牲畜。

埃吉尔把原木烧着的一端推到屋檐下，屋顶很快就开始烧了起来。在大厅里喝酒的人根本不知道发生了什么，就看到火焰从屋顶上涌了出来。他们急忙向门口跑去，却无法轻易跑出去，因为木头在燃烧，还因为埃吉尔在门口挡住了去路。他把想进门和想出门的人都杀死了。很快，大厅就被烧成灰烬，里面的人无一生还。

——《埃吉尔萨迦》

洗劫修道院　出其不意是成功突袭修道院的关键。如果修士得到警报，他们会把修道院的宝藏全部埋藏起来，即使是最严酷的折磨也无法让他们说出宝藏藏在哪里，因为他们相信，如果他们为

劫掠者在放火焚烧一处宅邸。维京人有时会给当地人提供一个机会：支付赎金以换取房子不被破坏。看来这位女士的钱不够啊。

信仰的神而承受痛苦，他们就能在死后的世界获得一个光荣的地位。修道院的占地面积通常很大。里面除了有教堂，还有修士的宿舍、仓库、厨房和工坊。修道院外面可能有围墙防护，这种围墙不是堡垒、城市周围的那种有防御性的墙，修道院的墙可以很容易翻爬过去。发动劫掠之前，请派人把守所有出修道院的路，防止修士逃跑。许多修士都是营养不错的健康年轻人，可以在奴隶市场上卖个好价钱。洗劫修道院的原则是"可重复利用"，所以为了好玩而焚烧它们是毫无意义的。如果修道院建筑完好无损，修士会回来重建修道院。这样等到时机合适，你可以再去抢。

修士很少或根本不会有身体上的抵抗，但他们会毫无顾忌地呼唤他们的神来报复那些胆敢亵渎圣地的人。有很多故事证明了基督教上帝的力量，说明了上帝对维京人施加的可怕惩罚。比如在9世纪40年代，一个维京人在劫掠了巴黎附近的一座修道院后，他的骨头开始逐渐萎缩。这些故事很可能是修士为了吓唬人而编造的，千万别被骗了。

占领和洗劫城镇

洗劫城镇比以前更难了。以前我们的祖先刚开始去海外进行突袭时，很少有城镇拥有防御工事。而现在防御工事都是城镇的标配，如果你能在不用长时间围城的情况下占领一座城镇，那算是很幸运的。港口往往是最容易得手的目标，尽管港口可能有围墙保护，可以防御陆地上的攻击，但通常有开放的海滨以便货物在船只和仓库之间运输。洗劫修道院的原则也适用于洗劫城镇，尽管封锁一个城镇的所有逃生路线需要更多的人员。在 980 年的一次突袭行动中，熟练的陆路封锁几乎使南安普顿的所有人都未能逃脱。

城镇居民当然会为了保证安全而把他们的贵重物品埋起来。如果他们逃跑了，这些贵重物品就会一直埋在那里。你有必要尽可能地使用胁迫手段让俘虏说出他们埋藏的钱币或财宝（如果他们真的没有的话，那真是不走运，不过谁也不会相信这种话）。就像洗劫修道院，尽管肆意破坏和完全不分青红皂白地杀戮很出风头，但毫无意义。城镇从劫掠中恢复得越快，你就可以越早去再次劫掠。834—837 年，法兰克人在莱茵河岸边的港口多雷斯塔德每年都遭到劫掠，但每次都能恢复过来。多雷斯塔德早就被遗弃了，但这不是我们的错，是因为莱茵河的河道发生了改变，河流不再经过多雷斯塔德。贸易中心的长期存在在另一个方面也符合维京人的利益：维京人用来做买卖的大部分东西都是战利品和贡品，如果没有地方卖的话，这些东西也就不值钱了。

围　攻

维京人能取得成功是因为他们擅于机动作战。如果长时间停留在某个地方，你就会很容易受到反击。敌人有了时间来聚集兵力，还知道可以在哪里找到你。因此，不建议进行围攻。有时候，仅仅是威胁要围城就足以让城里的人向你纳贡，毕竟围城必定阻碍贸易活动，而贸易可是城镇的命脉。因此，就降服而进行谈判并商谈条件还是有必要的。比如说，保证他们的性命和财产安全，同时要求他们定期纳贡。被围的人都清楚，如果他们拒绝了谈判条件，而城市最终陷落了，将发生很可怕的事情。多神教徒、基督徒和穆斯林都认为，没必要向拒绝谈判的要塞和城市里的守军和居民展现仁慈。

如果设防城镇的居民没吓倒，那就比较麻烦了。他们不会无缘无故地在城镇周围筑墙，因为墙有用。围攻很少会成功。如果你未能通过突然劫掠或者内奸协助（比如贿赂某人打开城门）而迅速占领一个防守严密的城市，那么占领它的可能性就几乎为零。885—886 年，丹麦人攻打巴黎近一年，最终也未能成功。所以，对于防守严密的城镇，一般最好还是不去攻打为妙。

围城方法就是让城镇居民耗尽粮食，出来投降。问题是，除非你有安全的补给线，否则通常都是围城的人先开始挨饿。如果守军有时间准备，周围乡村的粮仓和牲畜都将被转移到城内。所以你必须不断扩大搜寻食物的范围，这会让你更容易受到敌方侦察部队的攻击。围城军队营地的生活也不会很健康，过不了多久，就会有人开始得病而死。

· **小提示：**除非你的军队规模很大，足以切断所有通往
要塞或城市的补给路线，否则不要发动围
攻。即使被围困的守军只获得了一点点食
物，他们的士气也能得到恢复，他们抵抗的
意志和能力也能得以加强。围城时间越长，
敌人就有越多的时间来组织援军。

但如果以上困难还没有使你放弃围城，那你可以像在其他地
方驻扎一样，建一个带防御工事的营地。被围的人会发动劫掠，
试图摧毁围城的装置，并可能造成人员伤亡和混乱。夜间最危险。
建立坚固的营地很有必要，一是可以抵御在乡村活动的敌人，比
如说，他们可能会来骚扰收集食物的队伍；二是可以在敌方援军
赶来时在营地中防御。

进攻设防城市属于战士收到的那种最困难、最危险的任务。
在你进攻的时候，守军占据了大部分优势（居高临下，拥有工事，
还经常拥有重型武器），如果你真的冒着箭矢、矛、石块和滚烫的
沥青，成功地攀上墙壁，你的心情也不会很好。即使你向那些因
为不妥协（假设他们拒绝投降或谈判）而使你忍受如此可怕经历
的人发泄怒火，也没有人会责怪你。

能否成功攻取据点取决于专门用于攻城的武器，如投石机、
弩炮，以及攀登城墙用的攻城塔。维京军队不会随军携带这些武
器，而是在有需要的情况下让木匠和铁匠当场制作，只消几天就

围城战的风险

　　洛赫兰人[即挪威维京人]并未放弃围攻[切斯特]，他们顽强而勇猛。但他们都说，他们应该设置栏架，用木桩支撑栏架，然后人们[在栏架的保护下]在城墙上打洞。他们很快付诸实践：设下栏架，打下木桩，想打破城墙，他们渴望攻下这座城。

　　撒克逊人的做法……是往下扔大石头，打碎了洛赫兰人身上的栏架。为了应对，洛赫兰人在栏架上放置更大的木柱。因此撒克逊人又把城里所有的啤酒和水都倒进大锅，煮沸，最后倒在藏身栏架之下的人身上，好烫落他们的皮肤。洛赫兰人则把兽皮盖在栏架之上予以应对。接下来，撒克逊人把城里所有的蜂箱都扔向攻城者，让他们被蜜蜂蜇得手足无措。然后洛赫兰人放弃了围攻，离开了这座城市。

——《爱尔兰年代记》

能造好。投石机是一种威力很大的投射装置，可以投出石头攻击城墙。弩炮是一种巨大的弩，是一种远距离的对人武器，有了它，在攻城时守军就不敢冒头了。它也是用来防御城堡的绝佳武器。法兰克人和希腊人广泛使用弩炮。弩炮的威力巨大。在885—886年的巴黎围城战中，法兰克人一方的一发弩炮射死了7个丹麦人。发射投石机和弩炮的动力都来自扭曲绳索的扭力。

　　·**小提示：**如果你要进攻带防御工事的桥梁或城墙，而它紧贴河岸或港口，那你可以将两艘船并排绑在一起，为攻城塔搭建一个稳定的平台。

在海上战斗

海盗行径

在向南前往都柏林的途中，[斯韦恩和他的突袭队]在途中撞见了两艘从英格兰出发的商船，船上装了非常值钱的英格兰宽幅布料。斯韦恩向船只冲去，向它们挑战，但它们几乎不作抵抗。斯韦恩和他的人抢走了船上的每一分钱，只留下了穿的衣服和一些食物，然后就划船离开了。

——《奥克尼萨迦》

商船上往往装满了不错的东西，因此它是一种不错的奖赏。

两艘长船躲在海湾里，等着伏击一艘商船。这种做法可能就是"维京"（Viking）这个词的来源，Viking 意为"港湾里的人"。

商船用帆航行时走得比长船慢，而且由于商船在建造的时候没有考虑用桨来驱动，所以一旦没有风，它们根本没有机会逃走。商船的船员也比长船的少，一旦遭到拦截，就很容易被占领。如果船员有任何反抗，通常的做法是把他们杀光，除非某些乘客，比如主教或贵族，可以用来换取赎金。如果没有抵抗，大多数维京人也只会抢劫船员的贵重物品和货物，然后放了他们。要想劫掠一艘商船，你得在主要的贸易航线附近的小港湾里藏好，在商船沿着海岸前进的时候伏击它们。

海　战

　　埃里克雅尔让"铁须"号［驶到］奥拉夫国王的舰队的最外沿，然后攻击敌船船员，斩断帆索，让船只顺水漂流。然后他［驶向］下一艘船，也杀光了船上的船员……最后，除了那条"长蛇"号，奥拉夫国王其他船上的船员都被杀得一干二净，还能使用武器的人都聚集在"长蛇"号上。接着，"铁须"号和"长蛇"号发生接舷战，战斧与刀剑相接。

　　　　　　　　　　——《奥拉夫·特拉格瓦松萨迦》

与陆地上的战斗相比，海上的战斗更加少见。拥有大量船员的战船只能在海上停留几天，因此，要让一支舰队在大海上巡逻，在敌方舰队登陆前将其拦截是不可能的。商船在开阔水域遭到劫持非常少见。但舰队之间的大规模海战通常发生在港口、海湾、峡湾或河口的封闭水域，比如哈夫斯峡湾——"金发"哈拉尔德大约100年前在这里获得了对挪威的统治权。

击沉敌舰并非海战的关键。船只非常宝贵，所以最好是完好无损地夺得船只。在任何时候，长船上都不会携带任何能从水下往船上开洞的武器。海战的作战方式与陆地作战的方式大致一样，只是战场就是船只本身。敌对的舰队排成两行互相对战，船首朝向敌船。最大的船处在中间。在战斗开始前，桅杆和船帆会被取下，在甲板上腾出作战的空间，移动船只的任务都留给了船桨。

防守的一方可以利用桅杆将船只绑在一起，从而形成稳固的战斗平台。这样做有一个优势：战士可以在船与船之间迅速移动到最需要他们的位置。攻击方的舰队也可以这样做，但只能在它与敌方舰队接触之后才能做。应对办法很简单：用锚和抓钩钩住敌舰，然后设法登上去，通过战斗来清理敌舰的甲板，把连接船只的桅杆斩断，再把船划走。

关于海战的一些小建议：

· 用号角来传达预先商量好的信号。

- 利用地形，就像在陆上战斗那样。将舰队的两翼紧靠礁石或浅滩，可以保护舰队侧翼免受攻击。在狭窄的入口处部署一支小型舰队，可以让一支大型舰队难以发挥数量优势。
- 在行动的早期阶段，在船舷的支架边放一些盾牌，以在两船接近时为桨手提供防护，以免他们受到投射武器的攻击。
- 永远要把最优秀的战士安置在船头：船上的船头相当于陆地上的盾墙。
- 留一些小型快船在侧翼巡逻，以切断船只逃跑的去路，攻击任何想泅水上岸的人。

规模很重要。船越大，能载的人就越多。更大的船也更高。船舷高的船能更好地抵挡投射武器，而且进攻者也更难爬上去，而它自己的船员可以像下雨一样往较矮的船上发射武器，也更容易登上敌船。获胜的可能是拥有最大船只而不是最多船只的一方。

和陆地作战一样，海战中也存在受伤和死亡的风险，除此之外，还有在登上敌方船只时落水溺死的可能性。身穿链甲的人会像石头一样沉进海底。把你拖入水底的并不是链甲本身的重量，而是穿在里面的垫衣——它会立刻吸水变沉。因此，许多战士不喜欢在海战中穿链甲，何况不穿链甲时划船也更方便。

— 9 —

战利品

他们靠着海岸航行，为的是夺取那片土地上的财富。

——圣昆廷的杜多

× | × | × | × | × | × | × | × | × | ×

维京人的报酬严格按照战果分配：没有掠夺的话，你也就没有报酬。根据同伴间的约定，所有的战利品都会收集到一块再分配，首领得到最多的一份。似乎这种分配方法不公平，毕竟大家在战斗中都冒着同样的危险。但首领也清楚，战士希望首领慷慨地把战利品分给下属，希望他能用好吃好喝的款待他们。因此，最大的那一份也不会一直留在首领那里，其中的大部分最终都以某种形式到了维京战士手里。

把战利品私自藏起来是不被允许的。并不是所有突袭小队的成员都有同样的机会去抢劫，因为必须有人执行诸如看守船只、侦察、切断逃生路线等任务。因为这些任务对于突袭的成功至关重要，执行这些任务的人必须得到与其他人同等的奖励。要是你私藏了一些战利品，你就等于是在无耻地抢劫你的同伴。

财　宝

　　财宝是大多数维京人在突袭中做梦都想得到的东西。最受人喜欢的是黄金，但无论是在珠宝还是钱币中，银制品要多得多。很多看起来是金子的东西其实只是镀金的银。处理财宝的习惯是将其全部切成块，以便称重和分配。有时候可以把财宝熔化，做成小型的金属锭，或者臂环。对于需要带着财宝移动的你来说，臂环既戴起来方便，又安全——还可以让人知道你有多大能耐。没必要特别关心这些东西的工艺价值，它们的价值就是它们的重量。

把你抢到的银器熔化，制成臂环，这样你就可以把自己的财富戴在身上。除非剁下手臂，否则谁也抢不走它们。但是你也不是吃素的，对不对？

钱 币

金币只在君士坦丁堡使用，其他地方用的是银币。在斯堪的纳维亚的国家，钱币在贸易中并不常用，所以钱币通常会像其他财宝一样被熔化，用来制造金属锭。但对于小型交易来说，不论是从大小还是重量上来看，钱币都很方便。有必要的话，你还能轻易地把它们切成小块。定居在爱尔兰、英格兰和法兰克王国的维京人现在已经完全习惯了像当地人那样使用钱币。

钱币之间银的含量差别很大。统治者可以在造币厂里操纵钱币中银的含量，以此获利，例如，收回含银量高的钱币，将其熔化，自己留下其中一些银，再制造含银量低的新钱币。这些新钱表面上的价值与外观或许与旧钱的一样，但它们含银量低，所以它们的实际价值也就更低。和商人打交道时要小心，商人对不同硬币的真正价值非常敏锐，他们会毫不犹豫地利用知识来占你便宜。英格兰的便士比法兰克银币更重，含银量也更高。粗略估计，5 个英格兰便士可以买一只羊，10 个可以买一头猪。由于英

来自约克或都柏林的维京钱币。在小额交易中，硬币可比银块方便多了，特别是在英格兰和法兰克王国这样日常使用钱币的地方。

格兰便士的价值相对较高，所以以镀银铜币形式存在的赝品十分常见。用刀在钱币表面划几下就能轻易鉴别它们是不是赝品，所以千万别被骗了。

大宗商品

其他形式的财富，如布料、皮、船、木材、谷物、牲畜、贱金属和铁，运输和分配起来没那么方便，但你可以把这些东西卖给商人，从而换成金银。成功的维京突袭队伍后面不远处肯定有商人跟着。

奴　隶

人是战争中最值钱的战利品之一。根据他们的地位、年龄、性别和健康状况，可以把他们用来换取赎金或者卖为奴隶。奴隶交易需要投入大量精力。你得看好他们，确保他们不会逃跑，还得好生照管，以免贬值。在把奴隶带到市场的路上，最保险的法子是把链子套在他们的脖子上，再拴在一起。不要把资源浪费在没有人买的老人或者体弱多病的人身上，要么杀了他们，要么放他们走。尤其要照顾好年轻漂亮的女孩。她们可是能让男人欲罢不能的尤物，她们可以轻松换取三倍于一个健康男性奴隶的价格（300多克的白银）。所有国家都豢养奴隶，但希腊人、摩尔人和撒拉逊人的需求量最高。

人们不会指望维京男人对妻子忠诚。你可以自由地使用抢来的女奴，不论是发泄欲望还是作为长期的小老婆都没问题。（如果你是单身，那还可以娶女奴为妻——许多人都这么做！）但是，不要认为你可以肆意玩弄所有的女奴。如果你被人发现与别人的女奴发生关系却没有征得主人同意，你就得为使用他的财产而向他赔钱。杀死自己的奴隶就像杀死自己的牲畜，并不犯法，但是如果你杀死了别人的奴隶，你就必须支付相当于市场价的全额赔偿。

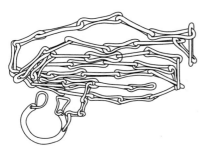

保护好你的战利品。用铁环和铁链锁好你的奴隶，防止他们在去市场的路上逃跑。

赎 金

自从793年林迪斯法恩修道院的修士遭到绑架以来，维京人就一直离不开赎金。几乎任何东西都可以被拿来索取赎金，但是作为一个信多神教的维京人，书籍对你可能没什么用处，但基督徒对书本尤其珍视，他们会为赎回昂贵的圣书而慷慨地支付赎金。图中书页下面的字迹记录了本书在150年前从维京人手中赎回的事情。

为地位高的人支付的赎金最高昂。赎金的最高纪录产生于858年，当时为了赎回巴黎附近的圣德尼修道院的院长路易，法兰克人支付了686磅（约311千克）黄金和3250磅（约1474千克）白银。考虑到黄金比白银贵重得多（黄金价值是白银的14倍），这笔钱比去年夏天为埃塞尔雷德国王为了换取和平而付给奥拉夫一世的1万磅（约4535千克）白银要多得多。就算你的俘虏中没有这样值钱的人，也别沮丧。你甚至可能用农奴来换取赎金，他们的领主还需要他们来耕种土地，所以会大方地支付赎金来为其赎身。

　　要想成功地赎回人质，一定程度的信任是必要的。人们通常认为，如果某人来营地是为了赎人而支付赎金，则不该将此人绑架并勒索。但确实发生过付过赎金却遭遇撕票的事情。而且有时候，那些被承诺了人身安全，前来支付赎金的人，却遭到绑架，并被索以赎金。这些自私的行为只会让人们不再愿意支付赎金，而且会破坏那些信守承诺的维京人的生意。

人质不是奴隶，这是很重要的一点。他们应该得到合理的对待，除非没有支付赎金。在没有付赎金的情况下，你可以把他们卖作奴隶，如果他们是老弱病残，还可以杀掉他们。基督徒非常重视女人的贞操，如果她们遭到强奸，她们的家人可能会抛弃她们。还有一种圣女，叫作修女，也是一样的情况。贞操未损的修女会更值钱。

基督徒愿意花重金赎回教堂和修道院中被抢的圣物。神圣的器皿可以兑换的赎金会超过其本身的价值。基督徒也非常重视圣书和圣髑，圣髑就是圣人死后留下的干枯尸骨，基督徒天真地认为这些东西可以带来奇迹。圣髑被保存在由贵金属打造、镶嵌着珠宝的圣物匣里。甚至连教堂和家庭建筑都可能被索以赎金。842年，维京人洗劫了法兰克王国的奎恩托维克港，放过了那些支付了赎金的人的房屋。

一个挪威维京人从一个爱尔兰修道院里偷走了这个漂亮的圣物匣，并把它送给了自己的女朋友兰瓦依克，用作珠宝盒。

秤。它是称量和分配战利品的工具，是维京领袖的装备中必不可少的一部分。甚至钱币也是按重量而不是面值来分配的。

丰塔内尔修道院的修士……当时［841年］非常害怕，非常痛苦。他们似乎被不确定的事情捆住了手脚而没有赶紧逃命。他们用非常划算的价格从异教徒手里买下了这块地。但当他们资金枯竭，防御能力减弱的时候，他们在最后一刻下定决心：逃命要紧。

——《圣弗拉姆的发现和奇迹》

·**小提示**：基督教圣书的封面镶有珠宝，很值得去抢。你把珠宝抠下来之后，也别把书页扔掉。书页是小牛皮制成的，可以切好做舒适的鞋垫。

贡　物

即使你是一个普通的维京人，你从一份庞大贡物中分得的一份也足以让你一生衣食无忧。若你在战斗中取得了决定性的胜利，敌人处于劣势，他们会非常想找到能尽量减少损失的方法，这是最容易为交纳贡物而进行谈判的时候。国王在当地的税吏可以有序地收缴贡品，而不会像维京人军队在乡村肆意横行那样造成更大的经济损失。这对打败仗的一方来说是有意义的，对维京人来说也是有意义的，因为其他人为维京人工作，而维京人自己不需要冒任何风险。在西方，贡物通常要用贵金属来支付。在东方斯拉夫人的土地上，没有英格兰和法兰克王国那样有组织的王国，因此得到的贡物通常是奴隶、皮毛等商品。这些东西会被拿去跟保加尔人、撒拉逊人或希腊人做交易，换成金银。

在就贡物而谈判的过程中，双方经常表现出很多坏心思。敌人可能会通过谈判来争取时间，趁机增加兵力，把收获的粮食收集起来转移到安全的地方，或者等待冬天来临，让战争自然而然地结束。维京人会承诺停战，甚至承诺离开，永远不回来。但纳贡是软弱的表现，维京人很难不利用这一点。他们会回来，纳贡的人也知道这一点。在他们每次纳贡后的喘息期间，他们会重新组织自己的防御，以更好地抵御下一次的攻击。这有时候会有用，却不总是有用。每个地方的人都希望自己的国王是强大的军事领导者，人们会觉得进贡的国王简直胆小如鼠。对于本就存在问题

的国王，比如英格兰国王埃塞尔雷德来说，纳贡可能会让他更不得民心，让人们对他的异议更严重，并进一步削弱王国的防御能力。这就是为什么维京人会打算在下一年的夏天返回英格兰。

845 年，法兰克国王"秃头"查理（约 840—877 年在位）开始向维京人进贡以换取和平。但这并没有换来和平。埃塞尔雷德也是同样如此。

布朗南堡之战前的谈判

[使者表示] 希望奥拉夫国王返回苏格兰，埃塞尔斯坦国王为了表示友善，会支付一笔钱，他的国内每有一个犁他就支付一枚银先令，以此确认两方之间的关系……消息一送到，奥拉夫就推迟了当天的事务，开始和他军队里的首领讨论此事。大家的意见分歧很大。一些人认为奥拉夫国王应该接受这些条款，因为战役取得了巨大的成功，他们如今可以带着埃塞尔斯坦交出的贡物满载而归。还有些人反对，他们认为，如果拒绝了埃塞尔斯坦的提议，埃塞尔斯坦下次就会做出更多的让步。他们最后采用了后一项办法。

——《埃吉尔萨迦》

维京人战败了，灰溜溜地空手而归，真是讽刺。

208

撕毁协议

撕毁协议之前一定要三思而后行。如果人们认为维京人总是背信弃义，他们就不会开始谈判。如果要撕毁协议，最好要有理由，无论这理由有多么站不住脚。这样你的行为就不会像是在见机行事（尽管确实如此），而是像在按照原则行事。一个很好的例子发生在 884 年，当时的法兰克国王卡洛曼同意付给维京人 12000 磅（约合 5443 千克）的金银，让他们离开。双方同意停战，法兰克一方到 10 月交割，并以人质为保证。然而，这笔钱还未支付，卡洛曼就在一场狩猎中意外身亡。维京人声称他们与卡洛曼签的协议是私人的，并说如果卡洛曼的继任者想要和平，他就必须再次向他们支付同样的金额。为了表明自己的意图，他们杀掉了人质，又一次抢劫了法兰克王国。

土　地

维京劫掠最吸引人的地方之一，就是维京人经常可以得到一些土地。许多维京人把战利品带回家并购买土地，但是还有许多人在海外征服的土地上开始新的生活。在冰岛这样的地方获得土地很容易：那里除了一些爱尔兰修士就没有别人了，更何况这些修士在维京人的船首次出现后就迅速离开了。然而，大多数有维京人定居的地方之前就有人居住，而且当地人不太愿意为新来的人腾出位置。

杀死或驱逐当地人是保护土地的一种有效方法。在奥克尼群岛和设得兰群岛就是如此。大多数当地的皮克特男人要么被杀，要么被卖为奴隶，而大多数维京人是单身汉，他们就把当地的女人娶为妻妾。当地人的问题就这样解决了。不过那里的环境很特殊，都是位置偏远的岛屿，当地人很少，无处藏身，而在其他的大多数地方都不是这样。

一个不那么残忍的解决办法是推翻当地的贵族，并取代他们，掌握他们的土地和权力。当地的农民仍然可以继续拥有土地，唯一的改变是主人换成了新来的维京人。只要他们受到的剥削没有前主人那里的那么重，他们就不会找麻烦。

消灭当地的贵族不需要花费太多力气。因为贵族是防御军队的核心，他们中的很大一部分在被征服的过程中就已经战死了。865 年丹麦军队入侵英格兰时的情况差不多就是这样。东盎格利亚和诺森布里亚的国王和他们的诸多将领在战斗中被杀。麦西亚国王溜之大吉，王国陷入了意志消沉、缺乏领袖的境地中。丹麦人在废墟上建立了权威，不费吹灰之力地建立了自己的王国。

在基督教国家，教会甚至愿意与信异教的征服者合作。在教会眼中，和平与秩序高于一切，比保护自己的人民、建筑和土地还要重要。在丹麦人的约克王国，当地的大主教对他们信异教的新统治者来说非常有用，他们以自己的管理才干服务于新的统治者。

如果可以与邻国谈判，让邻国正式承认维京人所占有的土地，那么对土地的控制就更加安全。当年征服东盎格利亚的丹麦人的后代依然待在东盎格利亚，尽管他们现在已经接受了英格兰人的统治。他们能继续存在要归功于他们的领袖古斯鲁姆在886年与威塞克斯国王阿尔弗雷德的边界协议。阿尔弗雷德承认了丹麦人对之前从未属于威塞克斯的土地的占有，作为回报，他获得了一块有人居住的边境地带。古斯鲁姆和他的追随者得到保证：阿尔弗雷德不会在他们对征服的土地巩固控制的时候加以干涉。917年，当阿尔弗雷德的儿子爱德华征服东盎格利亚的时候，丹麦人在当地的地位已经非常稳固，爱德华允许他们保留自己的土地和法律。

"步行者"霍尔夫和法兰克国王"糊涂"查理在911年签订的条约（见第3章）也以同样的方式互惠互利，条约的效力也一直

给你手下的普通维京人一块好地，他就会欣然放弃暴力的生活，定居下来。他甚至会乐于学习当地人的生活方式，就像古斯鲁姆成为东盎格利亚国王时所做的那样——他取了一个英格兰基督徒的名字"埃塞尔斯坦"，并模仿阿尔弗雷德国王，制造自己的硬币。

持续了下去。霍尔夫成为查理的封臣，合法地占有了他在塞纳河两岸征服的土地，而查理也让自己实际上并不控制的土地在名义上承认了自己的统治。古斯鲁姆和霍尔夫都通过皈依基督教促进了谈判——因为皈依基督教总是可以让信仰基督教的统治者感到高兴。

在维京人无法通过达成协议来控制土地的地方，他们通过斗争来控制自己所征服的土地。这种情况在爱尔兰最明显，那里的维京人只能控制城镇附近的小块地方，尽管他们靠着贸易赚取钱财，却一直生活在一种缺乏安全感的状态里。

— 10 —

剑之沉睡

请谨记：死亡终会降临。

——《国王之镜》

× | × | × | × | × | × | × | × | × | × | ×

在战斗中像英雄般死去非常光荣，但大多数维京战士并不急着前往瓦尔哈拉殿堂。真正的战士都认为死去的雄狮比活命的狗更好，但他们也相信活着的狮子比死了的狮子更好。打仗是一项很危险的事，无论是赢还是输，维京战士都很有可能受伤或阵亡。如果这种事发生在你身上，不要因为痛苦而嚎叫，也不要乞求敌人饶你一命，因为这样会辱没自己和你的家人。你要尽可能表现得勇敢，将伤痛和死亡当作不可改变的命运来接受。

伤　口

很多锋利的铁器会被扔在战场上，如果你能毫发无损地逃

奥丁和他的英灵战斗了一天之后，他骑着八足骏马斯莱普尼尔走进了瓦尔哈拉殿堂。一位瓦尔基里给奥丁端上一杯提神的蜂蜜酒。

走，那可真是幸运。战斗打到火热的时候，你几乎不会注意到划伤或肋骨骨折这样的小伤，而且这些伤通常会很快自行愈合。除此以外的其他伤口都不会是好事。治疗既痛苦又危险，还往往没什么用，很可能还会让你觉得还不如在战场上痛痛快快地光荣战死。受伤后应该坚强地忍住，别哭泣或叫喊，不过这说起来容易，做起来难。

　　用药、正骨和手术通常是女人做的事。一个优秀的女治疗师应该知道有助于治愈的咒语，有治疗的天赋。但愿随军的女人中至少有这样的一位。她们的服务可不是免费的，如果你能活下来，你就得为治疗付钱。如果军中没有治疗师，那就找手最柔软的男人来包扎伤口、照顾伤员吧。

急救　将蛛网或车前草敷在伤口上有助于止血和愈合。

腹部伤口　如果伤到了肠子，那就等于是致命伤。当别人开始喂维京人并不总是能赢。图中的这堆骨头就是被英格兰人俘虏、捆绑后斩首的维京人留下的。放心吧，他们可能还朝刽子手的眼睛啐了唾沫。

你吃味道浓烈的韭菜或洋葱汤的时候，情况更加严重，因为这意味着他们认为已经无力回天了。如果伤口开始散发出韭菜的味道，那说明你的肠子已经破了。你已经救不活了，你会在两三天内发烧，然后死去。

骨折　如果要治疗断掉的手臂或腿，就需要专业的人来固定。固定骨头非常痛苦，但是值得，因为愈合后位置不对的手脚毫无用处。女治疗师会先在断肢上涂上一层骨草（雏菊）和蛋清做成的药膏，再上夹板。如果断骨没有穿透皮肤，治疗师也正确地处理了骨伤，伤口就能恢复得不错。如果像大多数情况一样，手脚被刀斧砍伤了，骨头暴露在空气和尘埃中，伤员通常没等到骨头愈合就会发烧而死。在这种情况下，最好的选择是立即截肢，尽管截肢也经常导致伤员死亡。

流血 治疗较深伤口的最佳方法是用烧红的铁来烧灼伤口，这样做可以同时止血和清洁伤口。对于开放型伤口或断肢，可能需要缝合。但缝针是用骨头做的，其锋利度不足以穿透皮肤。为了缝合伤口，治疗师会预先用锋利的金属针在肉上扎出一连串孔洞，然后用缝针和亚麻线（或者丝绸线——如果你有钱）通过这些孔洞缝合起来。在治疗前把盐和韭菜叶子敷在伤口上有助于减轻疼痛。对于铁器造成的伤口，有一种药膏非常有效，制法如下：将银叶花、春天草（大戟）、千里光、长生草、香车叶草和苦艾草煮熟，加入黄油。

箭伤 箭矢造成的伤口会让你一直感到痛苦。战斗中用的箭矢带有锋利的倒刺，所以要把箭从伤口里拔出来，一定会造成更大的伤害。如果箭头不太深，治疗师会在伤口周围把肉割开，把箭拔出来，再清洗伤口，拿去其他碎片，再用铁来灼烧伤口。如果箭头太深，治疗师会切断箭矢带羽毛的一端，将箭推入身体，再从另一侧拿出来——这样痛苦反而会更小。如果箭被骨头挡住了，就要先把骨头折断，这样才能把箭头推出来。清洗之后，两端的伤口都会进行烧灼处理。这非常痛苦，千万别想着去体验。

战争脚镣 一场战斗之后，你可能会发现一些人在战场上游荡，他们是被战斗的惨烈吓得晕头转向了，被套上了"战争脚镣"或"双脚的恐惧"。经过休息和温和的治疗，他们最终会恢复神智。

索默德走进一所房子，房里有很多受伤的男人，还有一个年轻女孩在给他们包扎伤口……女孩说："让我看看你的伤口，我会包扎好它。"索默德坐下来，脱下衣服。女孩仔细检查了他的伤口，伤口在肋部。女孩感觉伤口里面有一个铁箭头，但是不清楚箭头具体在哪里。女孩在一个石锅里煮了韭菜等草药的汤汁，把汤汁给受伤的人喝下。这样她就能知道伤口有没有穿破他们的内脏，因为如果伤口太深，刺破了肠子，韭菜的味道就会散发出来。女孩拿了一些给索默德，让他喝下去。索默德说："拿走，我不想喝汤。"然后，女孩拿起一把钳子，想把箭头拔出，但箭牢牢地卡在体内，拔不出来。而伤口开始肿胀，箭头反而更难找。索默德说："把伤口切深，这样你就可以用钳子夹住箭头，然后把钳子给我，我来拔。"女孩照做了。然后，索默德从他的手指上取了一个金戒指给了那个女孩，说送给她。"这是给一个好人的礼物，"索默德说，"这是奥拉夫国王今天早上送给我的。"然后索默德抓起钳子，把箭头拔了出来。在箭头的倒钩上，还挂着几块心脏上的肉，有白的，有红的。索默德见了，就说："看国王把手下养得多好啊，我的心脏周围都有肥肉了。"说到这里，他往后一靠，死了。

——《圣奥拉夫萨迦》

战　死

　　你的战友正在庆祝一次大胜仗，但是你已经死了——你之前看到那个高大的英格兰斧兵时已经太迟了。接下来会发生什么呢？谁能给个准信呢？每年都有越来越多的人改信新的宗教基督教，丹麦甚至有了一个基督徒国王。然而，如果你是一个真正的维京战士，你一定还在虔诚地信奉旧的宗教，相信它的承诺：那些在战斗中死去的人将享受荣耀的死后生活，一定会与众神之父奥丁一起在瓦尔哈拉殿堂（"战死者的殿堂"）饮宴、战斗。

　　在奥丁眼里，杀敌的人和被杀的人都同样值得称赞。奥丁的肩膀上栖息着两只渡鸦，一只是代表思维的胡金，一只是代表记忆的穆宁。两只渡鸦会飞向人间，再把见到的东西都告诉奥丁，这样奥丁就能知道所发生的一切事情。若他听说战士之间将要开战，他就派出女武神瓦尔基里去决定谁会战死、谁会活下来。战斗结束后，瓦尔基里会将阵亡战士的灵魂（称为"英灵"）引领到奥丁的瓦尔哈拉殿堂，殿堂位于众神的居所阿斯加德。诗歌之神布拉吉会欢迎英灵的到来，他的职责就

奥丁的女武神瓦尔基里，她欢迎阵亡的勇士进入瓦尔哈拉殿堂。

是为了迎接他们而布置瓦尔哈拉殿堂。瓦尔哈拉殿堂异常巨大，以至于雷神托尔自己的厅堂都在里面。瓦尔哈拉闪耀着金色的光芒，椽子是巨大的长矛，屋顶是盾牌和链甲。瓦尔哈拉总共有540扇门。每扇门都非常大，可以让800名战士并肩进出。

战死的人将加入英灵之列，也就是奥丁的扈从。每天早上，英灵们走出瓦尔哈拉殿堂，花上一天时间互相搏斗。到了晚上，倒下的英灵会复活，受伤的会迅速痊愈，然后在美丽的瓦尔基里的陪伴下，与众神一起享用烤野猪，痛饮最好的蜂蜜酒。

奥丁和他的两只渡鸦胡金和穆宁，两只渡鸦让奥丁能够知晓世间的一切争斗。

想要进入这个战士的天堂，并不需要对战士的尸体做任何特殊处理。这对那些战死他乡的战士来说是一种慰藉，尤其是对战败一方的战士而言——尸体将暴露在荒野上，任由野狼和食腐鸟类食用。不过奥丁规定，得到火化的阵亡战士都可以带上火堆旁所有的武器等东西来到瓦尔哈拉殿堂。死后的生活在瓦尔哈拉是最为惬意的。

诸神黄昏：最终决战

所有美好的事物终将结束，即使死后生活也并非永恒。奥丁正在召集他的战士，想让战士在时间的终结"诸神黄昏"时与自己并肩作战，对抗古老的敌人——巨人及其盟友。但不幸的是，诸神黄昏之后瓦尔哈拉殿堂里就不会有谈笑声了，因为奥丁和他的英灵们注定要和他们的敌人一起死亡。火巨人苏尔特放出的火焰会在大地沉入海底之前将其彻底烧毁。在这之后的某一天，得到净化的大地会重新出现，开启新的宇宙循环。

另一种死后生活

> 愚人认为只要远离战争，
>
> 他就能永远活着；
>
> 即便长矛会放过他，
>
> 他的年纪也不会放过他。

——《高人的箴言》

只有狂战士才真正渴望战死，因为这样他们就能尽快成为英灵队伍的一员。对大多数理智的维京人来说，进入瓦尔哈拉殿堂只是一种对战死的安慰，他们真正渴望的是活着享用胜利的果实。

但是没有人可以躲开死亡。战死的战士能享受满是荣耀的死后生活，同时，病死、老死和淹死的人将走上灵魂的道路，这些路很多，但并不是每一条都是好去处。

大多数时候，死者的灵魂只会在自己的坟墓里徘徊，过上一种鬼魅式的死后生活，通过家人在陪葬时埋下的东西而获得慰藉。有谁会嫉妒那些为主人陪葬而被杀的奴隶呢？尽管如此，有一些奴隶是自愿的。正直的人的灵魂或许能找到通往布里米尔的道路，布里米尔位于另一个叫作吉姆列的世界，是一座带有鎏金屋顶的大厅，他们在这里会喝上上好的麦芽酒。或者，他们可能到达另一座好客的大厅，也就是在另一个世界的尼达山的辛德利大厅。这样的话，即使一个伟大的战士没有战死沙场，也能找到一个与神同在的场所。而未婚女孩的灵魂会被放荡的生育女神芙蕾雅占有，芙蕾雅会把她们的灵魂带往她自己的领域——弗尔克范格。奥丁允许芙蕾雅带走他的一部分战士，这些战士也会前往弗尔克范格，陪伴这些女孩。如果你死的时候希望进入瓦尔哈拉殿堂，却被芙蕾雅带走了，你应该不会感到失望。

对维京战士来说，溺死的风险显而易见。淹死之人的灵魂会在大海里海神埃吉尔的大厅里过上潮湿的死后生活，海神的妻子拉恩会用她的网来网住这些灵魂。埃吉尔是众神中最会酿酒的神，所以这也不算太糟。

而对于那些病死或老死之人的灵魂来说，他们的去处十分令人沮丧。其中有些灵魂会前往充满冰和雾的世界尼福尔海姆，在那里食用冥界女神赫尔提供的粗劣食物。而违背誓言的人和杀人犯会在纳斯特拉迪尔得到他们应得的报应。纳斯特拉迪尔是一个用无数条蛇缠绕而成的恐怖大厅，满是毒液。最邪恶的灵魂会被扔进赫瓦格密尔之井，喂给啃食尸体的巨龙尼德霍格。

尸体的处理

辱没敌人的尸体是惯例。扒光他们身上所有的值钱东西后，把他们的尸体随便扔进乱葬岗，或者，如果嫌麻烦的话，干脆把尸体留给狼、乌鸦等腐食动物。如果你是战败的一方，并且死在战场上，这就是你的下场。如果情况允许，死掉的维京人应该得到像在家乡一样的尊重。信仰古老神灵的战士应该和他们的武器一起安葬在木棺或者木头搭成的墓室里。对于首领来说，理想的送葬方式是船葬，船上有符合他身份的物品：武器、财宝，一个女奴，也许还有马匹和猎犬。

至于下一步该怎么做，没有一定的规矩。一、可以把能埋的都埋在坟冢里；二、可以把所有东西都烧掉再埋进坟冢里；三、可以让船在大海上漂流；四、可以把船点燃，再让它在大海上漂流。这些方法都有人用过。对于财富有限的人，比如小首领来说，用小船来代替大船是能够接受的办法。其他最接近船葬的方法是在坟里埋一些旧的船板，或者在坟墓周围用卵石垒出一个长船的

一个真正的战士的坟墓。陪葬品有剑、斧头、长矛、箭矢、盾牌和两匹马。这个人到了死后世界一定能大出风头。

形状。关键是要动脑。

死人可不会从此永远消失，如果他们不高兴，他们的鬼魂就会出来游荡，给活人带来麻烦。若要处理爱找麻烦的鬼魂，就要把他们尸体的头和脚都砍掉，或者把骨头分散开来。小心起见，可以把坟墓里的所有东西都打碎，尤其是武器——这样他们的鬼魂就没有武器可用了。

投　降

一个人被带出来处死，索克尔［问他是否怕死］。此人说："我不觉得死有多可怕，因为我们所有人都会死。但我不想像绵羊那样被宰，我宁愿面对死亡。你用刀来砍我的脸吧，看清楚了，我不会退缩。"……他们照做了，让他面对死亡。索克尔走到他面前，拿刀砍他的脸。他一点也没有退缩，只是在死亡的时候闭上了眼睛。

——《约姆斯维京萨迦》

投降从来都不是上策，但是如果你的战友死的死，逃的逃，你的盾牌已残破不堪，你的剑刃也已经变钝，投降可能会给你一丝活下来的机会，也会让你在接下来的时间里有机会逃跑。许多朋友被杀的人一般不会有好心情，如果你的敌人也是这样，他们可能当场杀了你。然而，如果战斗的狂热已经开始消退，他们厌倦了杀戮，或许你最终能逃过一死。

如果你是一支突袭小队的幸存者，你不应该对投降后能活下来抱有太多希望。自古以来，各地的习俗就是处决海盗，所以你可能很快被绞死或斩首。否则，你生存的最大希望在于，如果你是贵族，抓住你的人会拿你换赎金；如果你不是，就把你卖为奴隶。如果你够幸运，如果你的武艺够高强，还表现出毫无畏惧的勇气，俘虏你的人可能邀请你作为雇佣兵加入他的军队。别担心，你不会被当作叛徒。如果你的主人在战斗中被杀，你可以自由地为任何人战斗，不会背上不忠的名声。

· **小提示：** 如果你是被基督徒抓住，试着告诉他们你想皈依基督教。基督徒相信，说服别人改信他们的宗教信仰能够取悦他们的神明，所以这可能会救你一命。另外，新皈依者通常也会得到礼物，所以你不会完全空手而归（缺点是你得让牧师先给你头上浇点水）。一些维京人以这种方式皈依了不止一次。

终

如果你将被处死，不要表现得害怕，而是要视死如归。这会让抓住你的人敬佩你。如果你的家人和朋友得知，你也会赢得死后的名声。不要求饶，会失去名誉。如果你要被砍头，告诉刽子手从前面砍而不是从后面砍，这会给人留下特别深刻的印象，让他们佩服你的勇气。这样一来，在他挥动剑或斧头的时候，你就可以毫无畏惧地盯着他的眼睛。千万别在最后一刻退缩，否则会功亏一篑。机智地辱骂他们也会让你被高看一眼，因为这表明你在死亡迫近的时候还能保持镇定。这可是你能给人留下好印象的最后机会，可别浪费了。

为了纪念在英格兰阵亡的瑞典战士吉尔法斯特尔而竖立的如尼文石碑。他死得很光荣，让他的家人感到骄傲。家人竖立了这块石碑，这样即使在 1000 年后，当那些懦弱之人早被遗忘的时候，人们仍然能够说出他的名字。

致　谢

　　我要向英国古王国重现协会再现组的金·希登恩、史蒂夫·埃瑟里奇和理查德·沃尔什表示衷心的感谢，感谢他们分享对维京人的生活和对那个时代的真切见解。同时我也要感谢威廉·肖特，感谢他允许本书使用重现维京战士战斗技术的照片。感谢泰晤士与哈德逊公司的编辑爱丽丝·里德，她非常有耐心，还能提出有建设性的意见。感谢玛丽亚·拉纳罗在收集图片上的出色工作。感谢罗威纳·阿尔西负责的本书装帧工作。

延伸阅读

维京时代的斯堪的纳维亚人以如尼文在木头、石头和金属物件上刻一些简短的语句，但直到斯堪的纳维亚人皈依基督教（10世纪晚期至12世纪早期）之后，他们才发展出完全书面化的文化。冰岛的萨迦记载的维京时代战争场面是最生动的，但请记住，萨迦中所有的生动的细节和贴近生活的描述风格直到13世纪才以文字的形式记录下来，这已经是其中的事件发生两三百年后的事了。家族萨迦应当被当成一种基于真实人物和真实事件的历史小说，而非记载家族事迹的史书。而国王萨迦是一种传记，主要基于口述的吟游诗歌，常常引用其他记载。吟游诗人的职责是美化其主人的事迹，所以他们的诗歌并不是可靠的史料，但是，因为吟游诗人经常亲自参与他们所描述的战争，所以他们诗歌中对于维京人战斗的描述依然是我们能够获得的最接近现场描述的文本。维京劫掠在欧洲各地基督教编年史（如《盎格鲁-撒克逊编年史》）中占有重要地位，但这些编年史一般不会详细地描述战争。

最重要的国王萨迦包含在斯诺里·斯图鲁松的巨著《挪威王列传》中，这是一份记载了最重要的挪威国王事迹的史诗，时间范围是传说时代至 1177 年马格努斯四世去世。该书最近的英文全译本是李·M. 霍兰德的译本（得克萨斯大学出版社，1964 年）。塞缪尔·J. 莱因的译本最初发行于 1844 年，时至今日仍具有很高的可读性（尽管其中的诗歌翻译在现在看来已经过时），读者可以从几家出版方得到此译本的电子版。

冰岛家族萨迦中最具战争色彩的当数《埃吉尔萨迦》，此书改编自 10 世纪的一个同时具有战士、商人和农民多重身份的吟游诗人埃吉尔·斯卡拉格里姆松的事迹，他的足迹遍布几乎整个维京世界。最具可读性的译本由赫尔曼·帕尔松和保罗·爱德华兹合译（企鹅经典丛书，1976 年）。

《约姆斯维京萨迦》（李·霍兰德译，得克萨斯大学出版社，1955 年）讲述了约姆斯维京雇佣兵的事迹。他们可能是虚构出来的一群精英战士，据说活跃于 10 世纪末的波罗的海。

《伏尔松格萨迦："屠龙者"西格尔德的北方人史诗》（杰西·毕奥格译，希萨利克出版社，1993 年）是传说性的萨迦中最重要的一部，其中有大量关于武器的描写，包括神剑格拉姆的打造及战争场面。

同时代史书的现代译本

《盎格鲁-撒克逊编年史》，迈克尔·斯旺顿译，登特出版社，

1996 年。

《圣贝尔坦年代记》，珍妮特·纳尔逊译，曼彻斯特大学出版社，1991 年。

《维京时代读本》，安格斯·A. 萨默维尔与 R. 安德鲁·麦克唐纳编者，多伦多大学出版社，2010 年。本书翻译了同时代史书等史料，展现了维京人生活的方方面面。

《马尔顿之战》讲述了 991 年郡长贝莱特诺特对抗奥拉夫一世率领的维京战士的事迹。尽管这部古英语史诗是盎格鲁-撒克逊人写的，但它让我们可以一窥当时理想中的战士是什么样子，见：《盎格鲁-撒克逊诗歌》，S.J. 布拉德利编译，登特出版社，1982 年。

辅助资料

以下书籍是很好的辅助资料，其中有许多关于维京人的武器、战争以及他们的军事行动的介绍：

帕迪·格里菲思，《维京人的战争技艺》，格林希尔出版社，1995 年。

马克·哈里森，《维京贺希尔，793—1066 年》，鱼鹰出版社，1993 年。

约翰·海伍德，《企鹅维京历史地图集》，企鹅出版社，1995 年。

威廉·R. 肖特，《维京武器和战斗技术》，韦斯特霍姆出版社，2009年。

J. 金·希登恩，《维京武器与战争》，坦普士出版社，2000年。

出版后记

　　维京战士是世界历史中一个比较独特的群体，他们劫掠欧洲各国，在一定程度上改变了某些国家的政治，英国和法国受到的影响最为强烈。他们又在欧洲文化中占有一席之地，无论是奥丁、诸神黄昏、世界树，还是龙头长船、狂战士，都时常出现在电影、小说之中。

　　本书从"指导你成为维京战士"的角度，以教导者的口吻提出了很多当好维京战士的"建议"，从而真实地反映了历史中的维京战士。需要注意的是，本书的描述对象是历史上的维京人，从今天我们的视角来看，他们的一些行为无疑是犯罪，他们的一些做派也不符合我们的伦理观。希望年轻的读者不要模仿本书中的"建议"，只将它们当成知识，用来了解历史上的维京人即可。

　　服务热线：133-6631-2326　　188-1142-1266

　　服务邮箱：reader@hinabook.com

后浪出版公司

2021 年 6 月

图书在版编目（CIP）数据

维京战士 / (英) 约翰·海伍德著；田卓明译 . — 广州：
广东旅游出版社，2021.12（2023.6 重印）
书名原文：Viking: The Norse Warrior's (Unofficial)
Manual
ISBN 978-7-5570-2599-1

Ⅰ . ①维… Ⅱ . ①约… ②田… Ⅲ . ①历史—北欧—
海盗时代—通俗读物 Ⅳ . ① K530.9

中国版本图书馆 CIP 数据核字 (2021) 第 189377 号

Viking: The Norse Warrior's (Unofficial) Manual
Published by arrangement with Thames and Hudson Ltd, London
Copyright © 2013 Thames & Hudson Ltd,London
This edition first published in China in 2021 by Ginkgo (Beijing) Book Co.,Ltd Beijing
Chinese edition © 2021 Ginkgo (Beijing) Book Co., Ltd

本书简体中文版权归属于银杏树下（北京）图书有限责任公司。
图字：19-2021-239 号
审图号：GS（2021）4931 号

出 版 人：刘志松		选题策划：**后浪出版公司**	
著 者：［英］约翰·海伍德		译 者：田卓明	
出版统筹：吴兴元		责任编辑：方银萍	
编辑统筹：方 宇 张 鹏		特约编辑：苏才隽	
责任校对：李瑞苑		责任技编：冼志良	
装帧设计：墨白空间·李国圣		营销推广：ONEBOOK	

维京战士
WEIJING ZHANSHI

广东旅游出版社出版发行
（广州市荔湾区沙面北街71号）
邮编：510130
印刷：天津雅图印刷有限公司　　　　　　开本：787毫米×1092毫米　　32开
字数：148千字　　　　　　　　　　　　印张：7.5
版次：2021年12月第1版　　　　　　　　印次：2023年6月第2次印刷
定价：56.00元

后浪出版咨询（北京）有限责任公司　版权所有，侵权必究
投诉邮箱：copyright@hinabook.com　fawu@hinabook.com
未经许可，不得以任何方式复制或抄袭本书部分或全部内容
本书若有印、装质量问题，请与本公司联系调换。电话：010-64072833

后浪微信｜hinabook

筹划出版｜银杏树下

出版统筹｜吴兴元｜**编辑统筹**｜方 宇 张 鹏

责任编辑｜方银萍｜**特约编辑**｜苏才隽

装帧制造｜墨白空间·李国圣｜mobai@hinabook.com

后浪微博｜@后浪图书

读者服务｜reader@hinabook.com 188-1142-1266

投稿服务｜onebook@hinabook.com 133-6631-2326

直销服务｜buy@hinabook.com 133-6657-3072

后浪出版咨询(北京)有限责任公司
POST WAVE PUBLISHING CONSULTING (BEIJING) CO.,LTD